La Cifra negra de Proxenetismo.

Dager Aguilar Avilés.
Createspace publisher, Estados Unidos. 2015

Autor: Dager Aguilar Avilés
Edición y corrección: Dager Aguilar Avilés
Diseño interior y de cubierta: Dager Aguilar Avilés
CreateSpace Publisher edition sistem.
Diagramación: Dager Aguilar Avilés

Sobre la presente edición:
©Dager Aguilar Avilés, 2015
©Createspace publisher, 2015
Estados Unidos.
La Cifra Negra de Proxenetismo.
ISBN-13: 978-1519182272
ISBN-10: 1519182279

La publicación de este libro y su divulgación ha sido financiada por el proyecto Erasmus Mundus Action 2 de la Unión Europea.

Del Autor:

Dager Aguilar Avilés: Ciudadano cubano residente en la ciudad de Varsovia, Polonia. Abogado, criminólogo, analista político latinoamericanista, académico y escritor. Ha impartido docencia y ha sido investigador asociado en universidades de Cuba, Italia y Polonia. Ha dirigido varios investigaciones de tesis de diploma y maestría. Ha publicado varios libros en Europa y Estados Unidos, así como numerosos artículos y ensayos en revistas especializadas en ciencias sociales y jurídicas en Europa y América Latina. Ha presentado ponencias en numerosos eventos científicos y recibido varios premios a lo largo de su carrera estudiantil y profesional.

Indice

Introducción/ 6

Tema I: Marco de Referencia para el Estudio de la Cifra Negra del Delito de proxenetismo y su Prevención Comunitaria. /26

1. Cifra Negra delictiva. Definición. /26

1.1. Características generales. /32

1.2. Presupuestos necesarios para el estudio y medición de la cifra negra delictiva./36

2. Delito de proxenetismo. Definicion./43

2.1. Antecedentes históricos legislativos en el ordenamiento jurídico cubano y su situación actual./48

2.2. Bien jurídico protegido y conducta típica en el código penal cubano. Ley 62/87./69

3. Enfoque preventivo comunitario. /84

3.1. Prevención, comunidad y participación. Definiciones conceptuales. /84

Conclusiones. /88
Recomendaciones. /95
Bibliografía./98

Introdución

Durante el presente siglo, el mundo se ha debatido entre crisis económicas, problemas ecológicos, guerras locales y grandes impactos de delincuencia. Esta última ha alcanzado diferentes niveles en diversos países. La contemporaneidad vive una alarmante tendencia hacia el incremento del delito en sus diversas facetas llegando a constituir en muchos países un verdadero elemento de inestabilidad estatal donde la mafia, los grupos extremistas y otras expresiones delictivas, deciden políticas nacionales e internacionales.

Si bien resulta peligroso y nocivo para la paz y seguridad internacional los altos índices de criminalidad conocida, estudiada y clasificada en sus distintas manifestaciones delictivas por parte de organismos especializados al efecto, resulta aún más destructiva y amenazante aquella cifra negra activa, de la cual solo se tienen impresiones por los regazos que deja en las víctimas tras lesionar bienes jurídicamente protegidos, sin conocerse acertadamente su cuantía o características esenciales que permitan establecer prontas políticas de control y enfrentamiento. En este sentido, los clásicos modelos de enfrentamiento a la criminalidad deben trascender los marcos gubernamentales para ser objetos de planificación y ejecución de toda la sociedad, desde las más recónditas células poblacionales.

Una de las formas que ha adoptado la criminalidad anteriormente referida lo constituye el proxenetismo, cuya cifra negra a su vez, ha llegado a alcanzar mundialmente las más diversas formas de expresión y un desmesurado crecimiento, demostrando su carácter pluriofensivo.

Aunque en Cuba el fenómeno no alcanza niveles realmente alarmantes, no podemos afirmar que la ejecución del delito de proxenetismo y su cifra negra no merezca atención en su estudio y análisis; mucho menos, dejar de considerar esta conducta como nociva a las relaciones y normas de convivencia socialistas, principios, valores y fines de nuestra Revolución, aun por muy escasa que sea su manifestación.

Dada la incertidumbre y especulación que genera el estudio de la cifra negra delictiva y la existencia de doctrinas vagas al respecto[1], la presente investigación se caracteriza metodológicamente por ser un estudio de campo, descriptivo, cualitativo, de aplicación correlacional, experimental puro[2], a su vez, con marcada tendencia a la exploración,

---

[1] Un sector muy importante, estudioso de la Metodología de la Investigación Científica, lidereados por especialistas como Roberto Hernandez Sampieri y Carlos Fernandez Collado consideran erróneo el estudio metodológico de la cifra negra delictiva en cuanto consideran esta variable inmedible certeramente y, por ende, todo resultado investigativo sobre el tema pecaría de ser especulaciones científicas carentes de fundamentos empíricos (*"Metodología de la Investigación"*, 2da edición, Ed. McGraw-Hill Interamericana editores S.A. de C.V., México, 1998) *contrariu sensu*, otro grupo de especialistas criminólogos lidereados por Luis Rodriguez Manzanera, Roberto Bergalli y García Pablo de Molina en los últimos años han defendido posiciones, para nuestro criterio acertadas, totalmente opuestas a esta última, vista desde el campo de la investigación científica criminológica; considerando que el estudio de la delincuencia debe desarrollarse partiendo de tres dimensiones fundamentales en las cuales es posible medirla certeramente y no así desde la Metodología de la Investigación Jurídica como se ha intentado erróneamente investigar o abordar exclusivamente los fenómenos criminológicos en las últimas décadas.

[2] HERNÁNDEZ SAMPIERI, R., FERNANDEZ COLLADO, C., BAPTISTA LUCIO, P.: *"Metodología de la Investigación"* 2da edición, Ed. McGraw-Hill Interamericana. Editores S. A. de C. V., México, 1998. P. 57-72, 178.

específicamente, en la barriada capitalina de "Monte y Cienfuegos".

Para el estudio realizado utilizamos una muestra probabilística sujeto-tipo[3], lo cual no significa consecuentemente la extensión de nuestros resultados a niveles poblacionales macrosociales. Dada sus características esenciales, la investigación se fundamenta, *per se,* en la efectividad de su aplicación para la comunidad investigada.

En cuanto a su trascendencia, la misma va dirigida a todos los que directa e indirectamente pueden verse afectados por esta forma de criminalidad, dígase la familia, niños, mujeres, trabajadores, ancianos, la comunidad que sufre estas conductas y ciertamente el sistema social imperante conquistado y defendido por nuestro pueblo en toda su extensión.

Se beneficiarían en particular todos los vecinos de la barriada de Monte y Cienfuegos, y toda la comunidad del municipio de Centro Habana, puesto que esta actividad delictiva requiere para su permanencia amplios escenarios operativos y, por ende, afecta otras zonas aledañas de gran

---

[3] *Ibidem:* P. 207

interés turístico, histórico y cultural para el Estado cubano.

Desde una perspectiva teórica, la información obtenida sirve para comentar, desarrollar o apoyar determinadas teorías polémicas referidas al estudio de la cifra negra y las tipificaciones del delito de proxenetismo abrazadas por el autor.[4]

---

[4] Entre estas teorías polémicas encontramos dos fundamentales a saber:
1. *La cifra negra no es medible empíricamente en cuanto a su extensión, pero sí en cuanto a su intensidad y frecuencia desde el estudio de una muestra en un lugar específico dado.* Teoría defendida esencialmente, por Luis Rodríguez Manzanera, (RODRIGUEZ MANZANERA, L.: *"Victimología"*, 4ta edición. Ed. Porrúa, Argentina 1998).
2. *En la legislación cubana el delito de proxenetismo, en su regulación pierde el principio de taxatividad.* REGA FERRAN, E.E.: *"Delitos contra el normal desarrollo de las relaciones sexuales y contra la familia, la infancia y la juventud"* en *Una visión desde la dogmática a Figuras del Código Penal cubano.* COLECTIVO DE AUTORES, Universidad de La Habana. Cuba, 2005. P. 247-299.
Consecuentemente formaron también nuestras perspectivas teóricas de apoyo, desarrollo y demostración durante la presente investigación las siguientes teorías :
1. Las investigaciones fundamentadas en el estudio de la delincuencia negra son productivas en el enfrentamiento de las mismas y el estudio metodológico del comportamiento y dirección.

También se podrá conocer el comportamiento de algunas variables como la intensidad de la cifra negra del delito de proxenetismo en dicha colectividad y las necesidades normativas y sentidas por la comunidad, entre otras; así como la relación entre todas ellas, ofreciendo la posibilidad de una exploración fructífera del comportamiento de la criminalidad desde la cifra negra, que se espera saber con los resultados no conocidos con anterioridad en estudios realizados en esa barriada. Podremos sugerir ideas, recomendaciones o hipótesis para futuros estudios.

Desde el punto de vista metodológico, la investigación sugiere cómo estudiar de mejor

---

2. La correcta y planificada prevención comunitaria es una metodología eficiente para combatir las distintas manifestaciones de delincuencia negra.
3. La relación entre prevención e intensidad de cifra negra delictiva es inversamente proporcional.
4. El tratamiento legislativo del delito de proxenetismo, dada las características económicas, políticas y sociales de nuestro país, requiere estudios de una marcada base sociológica y criminológica para su eficiente interpretación, integración y aplicación de la normativa establecida al efecto.

manera la delincuencia negra de proxenetismo en Monte y Cienfuegos y enfrentarla desde la participación de toda la comunidad implicada.

El insuficiente trabajo preventivo en la comunidad y la actividad de prevención general, aún no han logrado la integralidad, correlación y el equilibrio necesario entre el trabajo que se realiza sobre la colectividad en sí misma y el individuo concreto como célula de la misma. Resulta una necesidad imperiosa lograr una mayor cohesión de los diferentes actores que integran el sistema, en función de revertir la situación expuesta y que el trabajo preventivo no sea concebido exclusivamente para una comunidad sino que se adentre más allá en las familias que conforman dicha comunidad y en los individuos particulares que a su vez conforman dichas familias.

Muchas veces los miembros de la comisiones de prevención, jefes de sectores o responsables del control de las personas de interés operativo no conocen siquiera a los miembros de su comunidad, o las dificultades o necesidades sentida por la misma; o no cuentan con la preparación o mecanismos necesarios para excitar a la comunidad en el apoyo contra la corrupción y el delito, siendo reiterado que esta situación sea aprovechada por muchos proxenetas y otros delincuentes para revertir el juego frente a la percepción popular y así es el proxeneta el bueno "que aporta" y el jefe de sector y demás "los que hostigan y no le dan vida a nadie", pues al final todos están como se dice vulgarmente "en la lucha".

En este contexto social sobresalen y son objeto de especial atención, entre otras conductas delictivas, los delitos contra extranjeros vinculados directamente a conductas de prostitución y proxenetismo, los que tuvieron su máxima expresión en los años 1997-98. Todo ello explica la necesidad de modificaciones introducidas en la Ley Penal para poder realizar un adecuado enfrentamiento a estas conductas delictivas antisociales.

Los efectos nocivos de estos fenómenos interrelacionados se hacen notar de forma expresa en el plano sociopolítico del país, deteriorando la imagen de nuestra Revolución y de sus conquistas. En este sentido no es secreto la campaña internacional que históricamente se fomenta contra nuestro proceso social, procurando una malformación de la visión internacional sobre el cubano, en cuanto a su nacionalidad e idiosincracia.

Así, la modalidad de proxenetismo, por medio de la propaganda e incitación al turismo sexual, proyecta al cubano como objeto de comercio carnal fácil y barato. Todo ello ha devenido elementos utilizados por distintos sectores contrarrevolucionarios para desacreditar la actividad preventiva y de control que el gobierno cubano desarrolla y promueve desde las comunidades en beneficio de todos; así como desvirtuar ante la comunidad internacional la obra revolucionaria y la vigencia de sus principios rectores.

Sin lugar a dudas, la peligrosidad social de este delito se va incrementando en la medida en que constituyen estas personas (proxenetas) un ejemplo de incidencia negativa en la socialización de los menores y adolescentes, los cuales muchas veces imitan y admiran a estas personas, considerándolas ejemplo a seguir en el futuro, desvirtuando sus valores hacia el consumismo de ropas caras y finas, y el rechazo a la ideología y conciencia socialista[5].

En el plano individual, la actividad proxenetista acarrea graves peligros para la salud, la

---

[5] GUTIÉRREZ, P. J.: "Los dólares de la lujuria", Revista Habanera, número 3, año 2, octubre, Cuba. 1996. P. 50 – 52.

integridad física y psicológica de aquellos involucrados en estas actividades[6]. Con el objetivo de dirigir el enfrentamiento a estos delitos, se establecieron toda una serie de medidas orientadas por la dirección del país y la jefatura del MININT[7], en los últimos años, entre las que se encuentran la consolidación de los grupos de enfrentamiento a la prostitución en las provincias y municipios, rectorados por los gobiernos locales, la creación de los centros de clasificación y rehabilitación para las prostitutas y la aplicación de un nuevo marco sancionador más severo para el delito de proxenetismo y trata de personas.

Si bien es cierto que se ha producido un constreñimiento de este delito a partir de lo antes

---

[6] COLECTIVO DE AUTORES. "*Posibles impactos del Período Especial en la familia cubana*". Centro de Estudios Psicológicos y Sociológicos", CTTMA, 1992.
[7]A modo de ejemplos:
Vid: MININT (Ministerio del Interior de la República de Cuba) Orden 73/87 del Ministro del Interior que pone en vigor el *"Reglamento para el control del potencial delictivo"*. Ciudad de La Habana, 1987.
Vid: Orden 3/97 del Viceministro Primero del Interior que pone en vigor la "la metodología de trabajo para el control y atención policíaca de los sujetos a sanciones subsidiarias de la privación de libertad, medidas no detentivas y beneficios aplicables por la ley". La Habana, 1997.

expuesto, no ha dejado de ser un objetivo priorizado para su enfrentamiento por el Partido y gobierno de la capital, el sistema de justicia penal y en especial por la policía, ya que la actividad tiende a su enmascaramiento y a adoptar nuevas formas constantemente, de ahí que se incrementen las modalidades delictivas vinculadas al arrendamiento de casas, la propaganda cibernética, etc.

De esta manera no hay lugar para dudas, más allá de la situación problémica abordada, que la correcta prevención y erradicación de cualquier manifestación proxenetista en nuestra unidad de análisis, en las condiciones actuales de nuestro país, se convierte en una necesidad imperiosa.

Siendo así, nuestro problema de investigación queda redactado de la siguiente manera:

A pesar de la existencia de una comisión especializada y otros mecanismos de enfrentamiento delictivo, se manifiestan incoherencias en el sistema de coordinación preventiva local que han intensificado la cifra negra de proxenetismo en la barriada de Monte y Cienfuegos durante el período 2009-2010.

Objeto de investigación

La cifra negra del delito de Proxenetismo.

Objetivo General

Demostrar que mediante una intervención educativa conjunta en el sistema actual de coordinación de prevención delictiva se puede revertir la intensificación de la cifra negra del delito de proxenetismo en Monte y Cienfuegos.

Campo de Acción

Los individuos que cometen el delito de proxenetismo y forman parte de la cifra negra.

Hipótesis de trabajo

La intensificación de la cifra negra de proxenetismo en el barrio de Monte y Cienfuegos se podrá revertir a la vez que se produzca un salto cualitativo en la coordinación de la actividad preventiva expresada en:

1. La identificación de las necesidades normativas y sentidas[8] por la comunidad.

---

[8] Cuando hacemos referencia a las necesidades normativas de la comunidad partimos de la idea de que los

seres humanos tienden a agruparse sobre la base de vínculos comunes: ideas, creencias, valores, intereses, etc. En este sentido, los valores se comparten entre los individuos y éstos, al compartirlos, forman grupos. Los grupos humanos son, por ello, normativos y la infracción de sus normas de conducta provoca la reacción del grupo. Reacción que puede ser más o menos severa de acuerdo con la importancia de la norma lesionada o con el grado de disconformidad con ella que el infractor manifieste. Si ello es así, parece claro que, sin el respeto y defensa de tales valores, se hace imposible la cohesión del grupo y, por lo mismo, la convivencia entre sus componentes. Es precisamente, desde tales valores, como punto de referencia, desde donde se juzga si un comportamiento o conducta de los agrupados es asumible o intolerable, si ha de ser aprobada o reprobada. El comportamiento o conducta humanos son fundamentalmente normativos. Toda la vida social esta regida por normas, obedece a leyes. Entendidas éstas no en sentido jurídico o metafísico, sino en el sentido de regularidad, de uniformidad, *estadísticamente observables.* Los grupos humanos crean normas sociales y las hacen perdurables a través de las instituciones. Las instituciones, sociológicamente hablando, «son conjuntos orgánicos de normas, y sistemas de roles». Los «roles» o los «*status*», lo hemos dicho ya, se fundan, o mejor, son normas institucionalizadas.

A través de estas normas es, precisamente como se lleva a cabo el «control social», porque estas normas sociales son seguidas con un notabilísimo *grado de «conformidad»,* que existe siempre en toda sociedad más o menos estable, aunque su orientación se renueve permanentemente, al ritmo con que se renueva la misma sociedad. Los grupos humanos, también las sociedades complejamente organizadas y altamente civilizadas, tratan, por razones de conservación y supervivencia, de transmitir los valores que los sostienen, inculcar su respeto, defenderlos. El Derecho (y en grado máximo el Derecho Penal) es uno de sus

2. La incorporación de segmentos poblacionales al proceso de instrumentación de las soluciones.
3. Aumento de la capacidad de los jefes de sectores para activar las comunidades en la responsabilidad de prevención de delitos.

Objetivos Específicos

Nuestros objetivos específicos en la barriada de Monte y Cienfuegos se traducen en:

1. Analizar los antecedentes históricos nacionales e internacionales respecto a la cifra negra delictiva, para una mejor definición de nuestro marco teórico.
2. Analizar la eficiencia de algunos medios actuales de prevención de la cifra negra de proxenetismo en la barriada.
3. Identificar los factores categóricos de la intensificación de la cifra negra de proxenetismo durante el año 2009-2010 y la interrelación entre estos.

---

medios de protección. Es decir, los grupos humanos ejercen, de forma inevitable, el control social. Por estas razones el estudio de las necesidades normativas comunitaria resulta insoslayable.

4. Desarrollar una intervención educativa en la comunidad para mejorar estilos de coordinación y de vida.
5. Evaluar los resultados de la intervención desarrollada para iniciar su paulatina aplicación.

Métodos de investigación utilizados

Entre los métodos de investigación utilizados se encuentran:

Método Histórico Lógico: Este método fue utilizado especialmente en dos sentidos. Primeramente para conocer la historia de la comunidad de Monte y Cienfuegos desde su formación hasta el presente. De esta forma logramos una reconstrucción histórica de la misma así como de sus necesidades, la evolución de las mismas, sus componentes étnicos y religiosos durante la historia cubana y así interpretar las conductas existentes en la barriada, las formas de cognición del universo y, por ende, los distintos códigos de comunicación propios de los miembros de la comunidad. Por otro lado fue útil para conocer y analizar el decursar evolutivo del delito de proxenetismo en la barriada, su tónica, dirección histórica, etapas de su desenvolvimiento y su conexión con otras conductas delictivas.

Método Empírico de Observación: Permite observar el comportamiento de nuestra variable dependiente a través de nuestra muestra de investigación (intensidad de la cifra negra) en la medida que vamos manipulando nuestras variables independientes.

Método Empírico Experimento Social: Mediante este medio asumido pretendemos variar intencionalmente nuestras variables independientes para, mediante el método de la observación, evaluar el comportamiento de la variable dependiente en nuestra muestra. Es decir, por ejemplo, a través de la satisfacción medianamente de algunas de las necesidades normativas y sentidas por la comunidad evaluaremos la influencia directa e indirecta en el comportamiento de la intensidad de la ejecución de acciones proxenetistas por nuestra muestra.

Método Jurídico Doctrinal: Fue utilizado fundamentalmente para nuestro marco teórico al permitirnos indagar en las distintas teorías existentes respecto a nuestra temática y establecer nuestras perspectivas teóricas. En este sentido pudimos establecer los límites y guiarnos en nuestro marco teórico sin salirnos del mismo durante toda la investigación.

Método Histórico-Jurídico: Fue utilizado para estudiar el comportamiento del tratamiento legislativo del delito proxenetismo en la historia cubana; así como la regulación legislativa de los órganos e instituciones, destinados históricamente a su enfrentamiento y prevención. También nos ha permitido evaluar el desarrollo político y jurídico del tema durante la historia universal y nacional.

Técnicas e instrumentos.

Aplicación de Entrevistas: Esta técnica es constantemente utilizada para aterrizar cada uno de nuestros métodos a la comunidad estudiada por lo que fue de constante aplicación durante todo el período de investigación. En este sentido fueron entrevistados todas las personas que conforman nuestras muestras, los miembros de la comunidad y los factores de la misma, especialistas en temas relacionados al tópico tratado, etc.; pudiendo obtener información sobre los individuos entrevistados, sobre otros individuos y sobre la comunidad estudiada en general.

Aplicación de encuestas: Fueron utilizados especialmente para obtener información sobre la comunidad y sus necesidades. Fueron aplicadas simultáneamente a un gran número de vecinos de la comunidad y fueron útiles en la identificación de sus necesidades colectivas y su percepción (popular) del fenómeno delictivo en general, especialmente del proxenetismo.

Entrevista a expertos: Este se basó en la entrevista constante a expertos de escala nacional sobre el tema. En este sentido separamos la información obtenida basándonos en los criterios de experiencia y especialidad de nuestros entrevistados sobre el tema. También dichos expertos nos ayudaron por medio de su información a la revisión y orientación metodológica sobre la actividad investigativa desarrollada.

Grupos de discusión: Esta técnica fue aplicada constantemente por el equipo de investigación sobre la base de la especialidad de cada uno de sus miembros y teniendo como guía fundamental el diseño de investigación y el plan de actividades a desarrollar por el equipo en cada fase de investigación.

Instrumentos de aplicación de técnicas.

Cuestionarios.

Guías de entrevista y/o discusión.

El contenido informativo del presente informe de tesis se dividirá en tres capítulos fundamentales: El primero se titula "Marco de referencia para el estudio de la cifra negra del delito de proxenetismo y su prevención comunitaria", donde se analizarán todos los aspectos teóricos sobre nuestro problema de investigación y nuestras variables. Se abodarán los definiciones y precisiones claras de conceptos tratados en la investigación, los enfoques teóricos y sus límites doctrinales; así como las críticas del autor y sus posiciones teóricas.

El capítulo II se titula "Alternativas para involucrar a la población en la Estrategia de Prevención de la Delincuencia Negra y Seguridad Pública". En este acápite se aborda la estrategia metodológica seguida para la realización de las tareas en el desarrollo de la investigación.

El capítulo III se titula "Análisis de los Resultados de Campo", en el mismo se describen los resultados de la segunda caracterización criminológica de nuestra muestra y se describen las variables utilizadas para ello. También se realiza una comparación entre los resultados de la primera caracterización criminológica y la segunda resultado de la mediación de la intervención comunitaria. Así se analizan cualitativa y cuantitativamente los resultados alcanzados.

Tema I:
Marco de Referencia para el Estudio de la Cifra Negra del Delito de Proxenetismo y su Prevención Comunitaria.

1. Cifra Negra delictiva. Definición.

Asumir con seriedad la temática "Cifra negra de proxenetismo y su prevención comunitaria", como tema de investigación criminológica, implica inmediatamente tomar partido entre las diversas posturas doctrinales que se debaten, entre la idoneidad o no del estudio de la cifra negra delictiva y su posibilidad de aprehensión, por lo que todo estudio que al respecto se desarrolle, debe abordar con cautela el tratamiento del tema sin divorciarse por un segundo de la sapiencia clásica, a la vez que incursiona en la exploración de un conocimiento empírico nuevo.

Actualmente abordar desde cualquier perspectiva el término "Cifra Negra delictiva" es imbuirse prácticamente en el campo científico de la victimología, irrumpiendo directamente a su objeto de estudio o al menos a fenómenos tocantes. Esta idea lógica reafirma el criterio de aquellos de que "la cifra negra es el dolor de cabeza de los victimólogos".

La afirmación anterior se debe en gran medida a las distintas concepciones, muchas veces erróneas, que sobre "La cifra negra u oculta" se maneja en el ámbito doctrinal. Lo cierto es que, independientemente del abanico de silogismos y conceptos tratados en la dogmática, son pocos aquellos que se atreven a brindar una definición absoluta y coherente a la complejidad que el término realmente exige.

En este sentido, otra tarea ardua a la que se debe enfrentar todo investigador en su faena resulta ser la definición de fenómenos, categorías y elementos que posteriormente tendrá que operacionalizar. En el tema que nos compete, con más ahínco, tales cometidos obligan consecuentemente al trabajo detallado y concienzudo de todo acto encaminado a dichos fines.

Tradicionalmente se ha definido de manera ordinaria a la cifra negra delictiva como *"el conjunto de delitos cometidos que aún no han sido denunciados"* y de esta manera muchos se divorcian del estudio profundo de estas conductas centrando sus estudios exclusivamente en el estudio de la cifra blanca o legal[9].

Si emprendemos un análisis desde una perspectiva filológica, se entendería por cifra negra delictiva aquella *representación convencional misteriosa, desconocida de la delincuencia en un territorio determinado y*

---

[9] LEVASSEUR y MERLIN al hablar de sus consecuencias, admiten que: «La imposibilidad de evaluar la cifra negra, la aproximación de la misma, que es distinta de una época a otra, sea de un modo global, sea en uno u otro sector de la delincuencia, tornan en singularmente precarios los estudios emprendidos para conocer el volumen, las formas y la localización de la criminalidad. *"A fortiori"* este handicap pesa distorsionantemente sobre la investigación de las causas de la criminalidad, al ignorarse cómo y por qué han sido perpetrados tales actos antisociales, así como el resto de los aspectos referentes a la personalidad de sus autores (edad, sexo, nacionalidad, ambiente, carácter, etc.). Nada impide pensar que investigaciones adecuadas podrían permitir realizar serios progresos en el conocimiento de este fenómeno social. (STEFANI, G. y otros: *«Criminologie et science pénitentiaire. (Criminología y Ciencias Penitenciarias)* Editorial P.U.F., Francia, 2001. P. 69.

respecto a una figura delictiva dada[10]. Si bien los vocablos anteriormente expuestos no resultan erróneos tampoco lo resultaría afirmar que para el abordaje criminológico estos elementos resultan insuficientes en tales propósitos.

BAIZ VILLAFRANCA, R.A.J.[11], especialista en el tema, define la cifra negra como "el *conjunto de los delitos que se cometen pero no son conocidos por las autoridades competentes, bien porque la víctima no lo denuncia, en el caso de violaciones, hurtos, estafas*"[12].

Otros autores[13] prefieren definirla como *la relación diferencial entre la criminalidad real y la*

---

[10] DE TORO Y GISBERT, M., PELAYO Y GROSS, R. *Pequeño Larousse Ilustrado*, Editorial Instituto del Libro, Cuba, 1968.

[11] Abogada egresada de la Universidad Santa María, Especialista en Ciencias Penales y Criminológicas (UCAB), Participante del Programa de Formación Inicial (PFI) 2006-2007, de la Escuela Nacional de la Magistratura, Presidenta de la Asociación Venezolana de Derecho Penal (ASOVEDEP), Caracas, Venezuela.

[12] BAIZ VILLAFRANCA, R.A.J.: *"Impunidad: como Factor desencadenante de la Criminalidad"* Trabajo Especial de Grado para optar al Título de Magíster en Ciencias Penales y Criminológicas (UCAB), Universidad de Santa María, Caracas, Venezuela, 2007.

[13] Respecto a estos autores *Vid*: COLECTIVO DE AUTORES, *La Medición de la Delincuencia* (2) Publicado por F. BOISO el 29/12/08.

Vid: PÉREZ REYES, D.C.: *"El delito de proxenetismo y su formulación actual en la legislación penal cubana"*, Fiscalía Municipal de Varadero, Cuba, 2002.

criminalidad oficial que no es percibida por el sistema de justicia penal y resulta fluctuante[14] *en su extensión de un delito a otro en una sociedad dada.*

Otro aspecto importante a tener en cuenta al definir la cifra negra es su estrecha relación con la "criminalidad impune" la cual provoca en muchos casos grandes confusiones terminológicas. Mientras la primera, la concebimos como al *conjunto de delitos que se cometen pero no son conocidos por las autoridades competentes y que se contabilizan como la diferencia entre la criminalidad real y la criminalidad oficial*; la segunda se refiere exclusivamente a los delitos que se conocen pero no se castigan, principalmente porque se

---

Vid: VILARIÑO DELGADO, J. "*Experiencias de trabajo educativo con jóvenes desvinculados del estudio y del trabajo*", ponencia presentada al Congreso de Ciencias Penales, 1998.

Vid: SUSINI, J.: "*Las tendencias delictivas y las estrategias de prevención del delito en Europa Occidental*", en Revista Internacional de Política Criminal, 35 (1979). P. 73-74.

[14] La cifra negra es baja en determinados delitos, dado que son delitos que mueven a la denuncia (lesiones, seguros, etc) y, en cambio, es alta en otros (estafas por que la víctima no se entera o por vergüenza y la victima puede haber rozado, con su comportamiento, la ilegalidad; abusos sexuales sobre todo en el ámbito familiar; y los delitos de cuello blanco, por ejemplo, la publicidad engañosa.

desconoce el autor del mismo, o bien no se logra recabar los medios de pruebas necesarios para el establecimiento de la responsabilidad penal, o cualquier otro motivo que haga imposible el juzgamiento del responsable.

Sin embargo, resulta innegable la relación existente entre estas dos categorías (cifra negra delictiva o criminalidad negra y criminalidad impune), pues ambas encuentran su punto de contacto en el elemento causal de dichas criminalidades, el cual muchas veces resulta coincidir.

La mayoría de las veces, el motivo por el cual los delitos cometidos no son denunciados por las víctimas se debe a la impunidad *a posteriori* del infractor, lo cual la coloca en una posición de desventaja, indefensión, inseguridad y de proclive repetición, ahora acentuada, de venganza por parte del victimario.

Otro ejemplo, pueden ser las malas formaciones socio-históricas en una cultura de género, donde a veces al iniciar el proceso correspondiente, la víctima es revictimizada con maltratos, ironías, incredulidades, etc.; como suele ser el típico caso de la prostituta o esposa violada por el cliente, proxeneta o esposo respectivamente.

De igual forma no debe confundirse, en su definición, los términos delincuencia negra o cifra negra delictiva y delincuencia no convencional, pues a diferencia de la primera la delincuencia no convencional se refiere a aquella clase de delincuencia que, lesionando bienes o valores tan importantes o más que la mayoría de los delitos considerados como tradicionales, no se halla jurídicamente incriminada, no se persigue o ha empezado a incriminarse en épocas recientes, a veces, a través de normas jurídicas poco claras y con asignación de penas excesivamente benignas. Desde nuestra perspectiva podemos definir finalmente, la cifra negra como *el fenómeno individual y sociopolítico, aún desconocido por los órganos estatales destinados al efecto, que, desde una perspectiva unitaria, afecta a toda la sociedad y su prevención y enfrentamiento requieren del sistema penal.*

1.1. Características generales.

La cifra negra de la criminalidad no debe ni puede ser estudiada satisfactoriamente, sin conocer previamente los elementos que la distinguen entre las diferentes clasificaciones que en la doctrina criminológica y jurídico penal se manejan sobre la criminalidad. Entre las características más relevantes de la cifra negra delictiva como expresión criminológica encontramos:

1. **Oscuridad:** Constituye el elemento más categórico de esta forma de criminalidad. Pues la oscuridad o cifra oscura o negra de la delincuencia delimita el umbral del desconocimiento exacto de tales datos por los órganos e instituciones estatales interesados en ellos sin que siquiera se pueda presumir[15].

2. **Es un fenómeno social:** Resaltado por DURKEIM y otros pensadores[16], al ser la criminalidad la base de la cifra negra delictiva no debe entenderse como un fenómeno aparte de la sociedad sino común a ella en su totalidad.

3. **Es un fenómeno humano:** Una de las banderas lidereadas por la Escuela Clásica de Derecho Penal fue concebir acertadamente al hombre como único

[15] KILLIAS, M. y RIVAS G.: "*Crime et insecurité: un fenoméne urbain*"(Crimen y seguridad, un fenómeno urbano); en Revue International de Criminologie et Police Technique(Revista Internacional de Criminologia y Policía Técnica), 2, 1984. P. 165 y ss.

[16] DURKHEIM, E.: "*Les regles de methode sociologique*"(Las Reglas del método sociológico), P.U.F., París, 1949. P. 103.

FERRI, E.: "*Sociología Criminale*"(Sociología Criminal), Boca, Turín, 2da edic. 1900. P. 230.

sujeto de delito al poseer conciencia, libre arbitrio e inteligencia[17].

4. **Es un fenómeno variable**: Esta característica se fundamenta en la relación Individuo- sociedad. Pues si la sociedad es cambiante en tiempo y espacio y el ser humano, sujeto de la criminalidad, forma parte de esa sociedad cambiante, entonces también resulta mutable y consecuentemente deviene en fenómeno variable la criminalidad[18].

5. **Es un fenómeno complejo**: Esta característica se debe a que no es un sólo factor o un sólo elemento el determinante del fenómeno criminal pues se trata de un fenómeno multifactorial por lo que se hace complejo no solamente en lo tocante a la determinación de su etiología, sino también como un estudio cualitativo[19].

6. **Es un fenómeno plural**: La criminalidad negra se asocia con un número

---

[17] Sobre las Escuela Clásica del Derecho Penal y sus postulados:
Vid: QUISBERT, E.: *"Historia del Derecho Penal a través de las Escuelas Penales y sus Representantes".Ed.* Centro de Estudios de Derecho. Argentina, enero 2008. P. 49-56.
[18] SILVER, I.: *"Introducción a la Criminología"*, Compañía Editorial Continental, México, 1985. P. 34.
[19] *Vid:* HERRERO, C.: *«Seis lecciones de Criminología,* I.E.P., Madrid, 1988. P. 77 y ss.

determinado de delitos, lo cual representa un *"quantum"* o un monto determinado de delitos en masa[20].

7. **No resulta medible cuantitativamente**: Por su característica de "oscuridad" resulta imposible medir su extensión, o sea, el número exacto de delitos cometidos en tiempo y espacio y consecuentemente el aumento o disminución de la misma; aunque sí es medible la criminalidad negra en cuanto a intensidad, frecuencia y orientación. Desde este punto de vista, cabe hablar de delincuencia *débil, media o elevada;* o mejor, *leve, menos grave* y muy *grave*[21].

8. **No se representa igual para todo tipo de delito**: En algunos tipos de delito se representa en mayor extensión y en otros se representa en menor extensión[22].

---

[20] SZABO, D.: *"Criminologie et politique criminelle"* (*Criminología y Política Criminal),* ed. Vrin, Montreal-París, Francia, 1979. P.18.

[21] HURWITZ, S.T.: *"Criminología",* traducido. por O. PÉREZ, VITORIA, edit. Ariel, España, 1956.

[22] SCHNEIDER, H.: *"La criminalité et sa representation par les mass media"* (La Criminalidad y su representación en la media poblacional), en Revue Intern. de Criminologie et P.T. **2** (Revista Internacional de Criminología y Policía Técnica), 1995. P. 150-151.

1.2. Presupuestos necesarios para el estudio de la cifra negra.

Como ya hemos abordado con anterioridad, la cifra negra delictiva, por sus características posee diferencias notables respecto de otras formas de criminalidad que la dotan de especial cautela para su estudio. Por estas razones muchos estudiosos apuntan hacia determinados presupuestos necesarios para el estudio y medición de esta criminalidad al establecer respecto a esta última relaciones de directa e inversa proporción en cuanto a su intensidad, frecuencia y dirección[23]. Siguiendo esta línea objetiva podemos afirmar que la delincuencia negra, en general, es medible atendiendo a tres dimensiones fundamentales a saber:

Intensidad: Refiérese a la «calidad» delincuencial. Queda claro que desde el punto de vista criminológico, no coincide siempre con el criterio jurídico. Ello se debe a que el criterio jurídico se refleja a este respecto a las penas

---

[23] PINATEL, J.: "*Tratado de Derecho Penal y Criminología*" España. P. 144.
RKHEIM: "*Les regles de methode sociologique"(Las reglas del Método Sociológico)*, P.U.F., París, 1949. P. 103.
FERRI, E.: "*Sociología Criminale"(Sociología Criminal)*, Boca, Turín, 2da edición. 1900. P. 235. Para toda esta problemática, *Vid:*J.PINATEL, obr. prec. cit., P. 143 y ss., a quien seguimos en este aspecto.

(mayor o menor gravedad). El criterio criminológico debe ir encaminado hacia una estimación basada no sólo en parámetros de delincuencia convencional; sino también, de la delincuencia no-convencional, que, con frecuencia, es más gravemente lesiva para los «bienes» de la comunidad.

Dirección: También conocida como la orientación delincuencial hace referencia a la "tónica delincuencial" Si se inclina, por ejemplo, a lesionar bienes personales, patrimoniales, o correspondientes a las buenas costumbres. Hacia las formas violentas o las astutas.

Frecuencia: Para HERRERO HERRERO no es más que "... *la relación de variación de la misma durante largos períodos o en sus manifestaciones diarias. Ha de tenerse en cuenta, además, la superficie y la población donde se estudia la variación delincuencial, si se pretende comprender mejor el alcance de tal variación o de establecer relaciones comparativas con respecto a la misma Es decir, si se trata de establecer variaciones relativas. Así, v. gr., en la frecuencia diaria de la delincuencia, el cuadro de esta frecuencia se elabora por segundos y minutos, situándola en* *las coordenadas que acabamos de mencionar...*"[24].

En este sentido son los factores[25] o presupuestos anteriormente mencionados, los que al estar presente permiten guiar al investigador sobre el camino a seguir en el estudio de la cifra negra delictiva y el comportamiento de esta en relación a su intensidad, dirección y frecuencia. Entre estos factores determinantes encontramos:

Factores Geográficos: Estos a su vez se subdividen en *factores de medio físico, ecológicos o residenciales.*

Los factores de medio físico, conocidos también como Ley Térmica delincuencial, formulada por QUETELET y confirmada por FERRI, se refieren a la variación de los índices de criminalidad y su orientación hacia algunos delitos respecto a otros en relación a las variaciones regionales o temporales (estacionales) y de igual manera acontece entre las diferentes regiones rurales y

---

[24] HERRERO HERRERO, C. Criminología (Parte general y especial) 2da edición, aumentada y actualizada. Editorial Dykinson, Madrid, 2001. P. 207.
[25] Si bien los factores enumerados no constituyen la totalidad de los mismos, solo haremos referencia a aquellos que resultan esenciales para los objetivos generales trazados en la presente investigación. Para mayor información *Vid*: HERRERO HERRERO, C. *Criminología (Parte general y especial)* 2da edición, aumentada y actualizada. Editorial Dykinson, Madrid, 2001.

urbanas. Ello fundamenta la importancia del previo conocimiento del precedente geográfico y urbanístico de la región o comunidad donde se realizarán las investigaciones correspondientes a medir la cifra negra delictiva.

Factores económicos: La presencia y oscilaciones de la criminalidad negra ha sido también estudiada desde los elementos económicos caracterizantes de una región. Pues estudios han demostrado que en una comunidad en la medida que mejoran las condiciones económicas no solo aumentan los niveles de vida sino que también crece la cifra negra delictiva al ser este desarrollo económico fuente suplementaria de delincuencia por multiplicación resultado de las relaciones de interés que necesariamente engendra.

Lo cierto es que la relación entre la cifra negra y los elementos económicos de una sociedad determinada se fundamentan en que, en principio, cuando mejoran los niveles de vida disminuye la cifra negra y la delincuencia en general y cuando ocurre un descenso en el nivel de vida esta aumenta. Es así que las necesidades globales sentidas y sufridas por la comunidad se convierten en presupuesto de necesario conocimiento para el estudio y medición de la delincuencia negra.

Por estas razones aplaudo el criterio de ZABO cuando afirma que *la pobreza general de una región no es un factor criminógeno*. La pobreza sería variante criminógena cuando existe la llamada *«privación relativa»*, *cuando existen*, *«con agravio comparativo»*, *poseedores y desposeídos*[26].

Factores Culturales: Resulta casi imposible hacer referencia a factores culturales sin abordar el concepto de subculturas como expresión de la cultura plural, ubicado especialmente en las grandes ciudades, pues en el caso que nos ocupa y pasando por alto dichos conceptos podemos afirmar que como factores que hacen variar la cifra negra delictiva y permiten su medición se encuentran:

a) *La instrucción delictiva* (la instrucción o sea el grado de instrucción respecto a determinados delitos como puede ser el proxenetismo, pues para la gran mayoría de la doctrina italiana, francesa y alemana actual el mayor grado de instrucción hace nacer las especialidades delictivas y posibilita la mutación de la cifra negra ante nuevas formas de enfrentamiento que le permite subsistir como forma de criminalidad) aunque siguiendo el criterio de César Herrero

---

[26] SZABO, D: «*Criminologie et politique criminelle*», ed. Vrin, Montreal-París, Francia, 1979.

Herrero la falta de instrucción no necesariamente provoca una disminución de la delincuencia o la medición de su intensidad, dirección o frecuencia[27].

b) *La religión*. Hay opiniones contradictorias, de acuerdo con las creencias o descreencias de sus «afirmadores». No hay datos fiables, al respecto. Parece, sin embargo, que creencias firmes y operantes sobre el respeto a la dignidad, derechos y valores del «otro» han de ejercer como frenos inhibidores del delito.

c) *La prensa*. La prensa en cuanto al tema que nos ocupa resulta relevante por cuanto sirve a veces como medio de información de técnicas delictivas de las que luego se valen algunos criminales para permanecer en la cifra negra influyendo sobre sus víctimas. También en no pocas ocasiones la prensa influye negativamente en la opinión pública, en la formación de una cultura de género y sobre la información verídica de los índices reales de criminalidad, lo cual convierte la caracterización de la muestra a investigar y de la comunidad en un elemento de interés eficaz en el estudio y medición de la cifra negra delictiva.

---

[27]HERRERO HERRERO, C. *Ob.cit*. P.212

En los estudios criminológicos, y en relación con la materia que nos ocupa, se encuentran terminologías como éstas: *«índice criminal», «prevalencia» e «incidencia» que resultan de vital importancia.* Estos vocablos, están abordados implícitamente en los términos anteriormente expuestos en el presente trabajo. Así, *"índice criminal"* es igual a la relación existente entre el número de delitos y la población, *"prevalen*cia" hace referencia a la tasa de sujetos que han llevado a cabo una determinada conducta antisocial o delictiva. *"Incidencia"* significa el número de veces que el sujeto activo asegura haber realizado la conducta ilícita analizada o investigada.

Factores relacionados con la "política criminal" (prevención, control y tratamiento). La prevención, el control y el tratamiento al delincuente han sido tópicos tratados ordinariamente como formas de enfrentamiento a la criminalidad o alternativas al recrudecimiento de las penas.

En este sentido FERRI estudió particularmente la delincuencia en el siglo XIX fundamentándose en el aumento indiscutible de la criminalidad en ese período y su posible correlación con la represión judicial en igual período de incremento delictivo.

Desde esta perspectiva podría determinarse el nexo causal y dialéctico entre ambas variables.

FERRI arribó a la conclusión de que resultaba necesario el cumplimiento eficaz de la pena en el terreno verdadero respecto al delincuente, debiendo quedar dibujada en su severidad y excelencia teórica[28]. Este criterio *a posteriori* fue reafirmado por muchos que como PINATEL[29] consideran que un *acertado o desacertado control* de la delincuencia, por los respectivos responsables o una acertada o desacertada prevención especial (tratamiento y otras medidas similares con relación al sujeto activo del delito) inciden, sin lugar a dudas, en la varianza o frecuencia de la delincuencia y su respectiva medición.

2. Delito de proxenetismo. Definición.

El proxenetismo, es una conducta que desde los inicios de las sociedades, cuentan algunos,

---

[28] FERRI, E.: "*Principios de Derecho Criminal*", España, 1933.
[29] Sobre todos estos aspectos *Vid,* PINATEL, J.: en obra precit., P. 174 y ss.

acompaña a la humanidad[30]. Su práctica no siempre ha sido considerada nociva para el sistema de relaciones sociales, pues en algunos períodos era normalmente apreciada por la muchedumbre como una profesión más, en otras épocas fue perseguida en determinados sectores sociales resultando imputable y punible para algunos y permisible totalmente para otros[31].

Lo cierto es que con el devenir del tiempo y las concepciones modernas de humanidad, civilización, orden y control social se ha reprochado cada vez más, en todos los sentidos, dibujándose legislativamente en cada Estado de manera heterogénea aquellos elementos que lo conllevan a considerarse delito y por supuesto a su correspondiente punibilidad.

La definición de proxenetismo, en tanto actividad y proxeneta, en tanto agente actor, ha sido de más o menos aceptable y similar tratamiento en

---

[30] MALINOWSKI, B.: "*Crimen y Costumbre en la Sociedad Salvaje*". Ed.Planeta-De Agostini, S.A,. Barcelona, España, 1985. P. 49 y ss.

[31] *Vid*: BERGALLI, R., BUSTOS RAMIRES, J., MIRALLES, T.: "*El Pensamiento Criminológico I. Un análisis crítico*". Vol IEd.Temis, Bogotá, Colombia, 1983. P. 45 y ss.

Vid: BERGALLI, R., BUSTOS RAMIRES, J., MIRALLES, T.: "*El Pensamiento Criminológico. Estado y Control II*".Vol IEd.Temis, Bogotá, Colombia, 1983. P. 37 y ss.

la doctrina moderna. *Contrario sensu* sucede en cuanto a las distintas nominaciones que estos agentes suelen recibir en la doctrina actual y el tratamiento legislativo en cada Estado.

La palabra proxeneta encuentra su raíz etimológica en el vocablo "lanere" traducido en la acción de buscar mujeres para otros. En este sentido el Diccionario Enciclopédico U.T.E.H.A define como "proxeneta" a *la persona que, con móviles de lucro interviene para favorecer relaciones sexuales ilícitas*[32].

La ley española 8.080 de 27 de marzo de 1927, modificada por Art. 24 de la Ley de Seguridad Ciudadana, N° 16.707 del año 95, define en su artículo 1 como proxeneta a *"Toda persona de uno y otro sexo, que explote la prostitución de otra, contribuyendo a ello en cualquier forma con ánimo de lucro, aunque haya mediado el consentimiento de la víctima".*

El diccionario de Jurisprudencia Penal Española define al proxeneta como *un agente administrativo y de intermediación que existe en el mercado de intercambio sexual conocido*

---

[32] *"Diccionario Enciclopédico U.T.E.H.A.",* Tomo VI, Unión Tipográfica Editorial Hispano Americana, México, 1953.

vulgarmente como prostitución. Al ser quién asigna eficientemente los recursos a los consumidores, de acuerdo a sus restricciones presupuestarias y a su vez son quienes ejercen el monopolio de la fuerza en el intercambio comercial al prestar seguridad y protección a la prostituta/to y finalmente, debido a su labor, deben exigir una comisión que les permita su reinversión dentro del sistema comercial[33].

Una definición bastante parecida fue la acordada en el XVI Congreso de Mujeres Abogadas, celebrado en Albacete del 31 al 2 de noviembre de 2002, donde precisaron al proxeneta como *todo aquel que promueve, facilita, induce, explota, favorece o mantiene la prostitución ajena, medie o no consentimiento de la persona prostituida con ánimo de lucro y/o cualquier beneficio*[34].

---

[33] DE PRADO Y NORIEGA, M., GÓMEZ DE LIAÑO BOTELLA, M. D., FRANCISCO, J. *"Diccionario de Jurisprudencia Penal"*, Editorial COLEX, España, 1993.

[34] Conclusión 2b del plenario del *"XVI Congreso de Mujeres Abogadas"*, celebrado en Albacete del 31 al 2 de noviembre de 2002 elevándose como acuerdo a la Comisión Especial para el Estudio de la Prostitución constituida el 21 de marzo de 2002 en el Senado; al Congreso de los Diputados; al Gobierno de la Nación y a los de las Comunidades Autónomas; a los Parlamentos Autonómicos, y en especial, al de Cataluña y Valencia; a

De igual manera en el mismo Congreso otro de los acuerdos tomados fue *que se sustituya el término utilizado por los grupos económicos organizados, autodenominados "empresarios del sexo", por el de "proxenetismo organizado"*

Por su parte ABADIE SANTOS, define al proxenetismo *como aquella especie de oficio de la antigüedad griega y romana, que venía a ser como un corredor, mediador o tercero para ventas y compras de mujeres, o para casamientos*[35].

Loable resulta traer a colación en este acápite el concepto brindado por CABANELLAS, el cual considero bastante aceptado y oportuno, quien define al proxenetismo como *Acto, mediación, modo de vivir del proxeneta. Delito contra las buenas costumbres consistente en el fomento de la prostitución a través de la administración, regencia o sostenimiento de lupanares u otro*

---

las Corporaciones Locales, significando de manera expresa al Ayuntamiento de Bilbao

[35] Citado por ARAÚJO ARANCO en *"Proxenetismo"* publicado en boletín *Derecho Penal* el domingo 2 de marzo de 2008(versión digital) 17:38 horas www.derechopenal.com. Consultado el 10 de julio del 2009.

lugar donde se ejerza por cuales quiera actos de favorecimiento o tercería, la prostitución ajena.[36]

2.1. Antecedentes históricos legislativos en el ordenamiento jurídico cubano y su situación actual.

En el Derecho romano, el proxenetismo era conocido como leocinio, lenocinium quaestarium y consistía en el lucro que un tercero obtenía de la prostitución tanto de la mujer libre como de la esclava. Por su parte el marido que facilitaba la prostitución de su mujer era castigado por adulterio, considerándose lenon al esposo que habiendo sorprendido a su esposa *in fraganti* en adulterio la conservare a su lado (*Lex julia de adulteris*).

Se extendía el concepto de *"lenon"* a aquel que prestaba su casa para el comercio carnal, al que aceptaba dinero por no promover o desistir de la acción de adulterio, al que contraía matrimonio con una mujer condenada por adulterio o estupro, entre otros, si el lenon era el padre se castigaba con la pérdida de la patria potestad y con el damnatio ad metalla, agregando Justiniano

---

[36] GUILLERMO CABANELLAS, *"Diccionario enciclopédico de Derecho usual"*, 14 edición, Argentina. Edit. Heliasta,1979 t;V P-R. P. 314.

la pena de azotes y el destierro. Para la legislación Justiniano integraba lenocinio, el acto de corromper esclavos y mujeres libres para entregarlos por precios, a satisfacer las pasiones lúbricas de otros.

Desde la antigüedad esta conducta se encuentra estrechamente vinculada a la prostitución y la corrupción sexual. Sin embargo, observamos como para el derecho germánico primitivo esta conducta no era considerada delito, solo aparece a partir de una capitular de Carlo Magno del año 802 en la que llegó a ser castigada con la misma pena que el adulterio[37].

Es conocido que el Derecho Canónico combatió con gran severidad los hechos relacionados con la sexualidad, de ahí que valoraran el lenocinio como una excitación a la fornicación más que un delito en sí, castigándose con penitencias, especialmente el cometido por los padres y el marido, en este último caso lo penaba cuando después de conocer la infidelidad de la mujer continuase teniendo con ella relaciones sexuales.

---

[37] ROXIN, C.: "*La Política Criminal, El Derecho Penal y el Proceso Penal*". Ed: Tirant lo Blanch. Valencia. España. 2000. P. 19.

El Derecho Español Antiguo identificó el lenocinio con el nombre de alcahuetería. En el caso de corrupción de mujer casada; el fuero real establecía la imposición de la pena de muerte o que el proxeneta fuera entregado al marido ofendido, estableciendo graves penas de prisión y pecuniarias, si la mujer corrompida fuere viuda o doncella en cabellos.

Las Leyes de las Partidas distinguían con el nombre de alcahuete a los lenones y rufianes, identificándolos como aquellos que comerciaban con la prostitución de la mujer y comprendía diversas clases de alcahuetes; los que guardaban a las rameras públicas en los burdeles tomando parte de las ganancias; los que servían como mediadores y solicitaban y sonsacaban a las mujeres que estaban en sus propias habitaciones para los hombres que les remuneraban por esta acción, los que tenían en sus casas a las mujeres que se prostituían para recibir las ganancias de ellas, los maridos que servían de alcahuetes de sus propias esposas y los que consentían en su casa la concurrencia de mujer casada u otra de buen lugar para fornicar, sin ser cómplices o mediadores.

Todos los rufianes eran considerados infames y cualquiera podía acusarlos, para ellos podía ordenarse como pena la expulsión de las filas, pérdida de sus casas, la libertad de las mujeres corrompidas en el caso de que fueren siervas, con la obligación de dotarlas, además de una pena pecuniaria a favor de la cámara del rey.

La novísima recopilación castigaba a los rufianes con penas de azotes, destierro y hasta con la pena de muerte. Sus leyes condenaban a los mayores de 17 años que cometían rufianismo por primera vez, a la pena de vergüenza pública y diez años de galera; a los que delinquían por segunda vez la pena era de cien azotes y galera perpetua y en caso de que incurrieran en este delito por tercera vez, se le condenaba con la muerte[38]. Cualquier persona tenía autoridad para prenderlos y entregarlos a la justicia ordinaria que era la única competente para conocer este delito. En los casos de personas sometidas a la jurisdicción militar, ésta procedía únicamente a la averiguación del hecho y una vez probado, entregaba el reo y los autos a la jurisdicción ordinaria.

Las penas enumeradas fueron cayendo en desuso con el decursar del tiempo,

---

[38] PUYOL MONTERO, J.M.: "La Abolición de la Pena de Orca en España". Ed Servicios de publicaciones Universidad Complutense de Madrid. Madrid, España. 1997. P. 93.

desapareciendo la de muerte, sustituyéndose primero con la de azotes y luego por la de sacar a los reos a la vista pública emplumados y con Corona, siendo estas abolidas posteriormente, usándose solamente las penas de galera, presidio o destierro.

Los códigos españoles de 1848 y 1870, siguiendo la tendencia del Moderno Derecho, solo sancionaron el lenocinio cometido en personas menores de edad; este último texto fue modificado por la Ley 21 de junio de 1904 como resultado de la Convencional de París de julio de 1902 que incluyó la condena de lenocinio cometido en los mayores de edad solo cuando se cometiera bajo engaño, violencia o amenaza, alcanzando esta nueva redacción a los códigos de 1932 y de 1944.

En el caso de nuestro país, los antecedentes del tratamiento de la prostitución y las conductas asociadas a ella datan de la época colonial[39]. En el transcurso del año 1873, el gobernador

---

[39] Sobre la prostitución y el proxenetismo en el decursar histórico cubano:
Vid: TEJERA Y GARCÍA, D.V.: "Delitos relacionados con la prostitución", Revista Policía Secreta Nacional, número 4, volumen X, año V, agosto, Cuba, 1942. P. 153 y ss.

general de la Isla, Pérez de la Riva teniendo en cuenta la cantidad de prostitutas existentes en La Habana, ordenó su inscripción con el objetivo de destinar una cuota para cubrir los gastos originados por la creación de una sección especial administrativa y de cuatro plazas de médicos higienistas, lo que trajo como consecuencia que en diciembre de ese propio año se dictara en Cuba el primer reglamento de la prostitución, válido para La Habana y el resto del país.

En la etapa colonial, hasta 1879, estaban formalmente vigente las leyes de Castilla y de las Indias y rigió el Código Criminal español de 1848, no obstante, de hecho se administraba la justicia penal según costumbres, leyes especiales y decretos de gobernadores y capitanes generales. Posteriormente rigió el Código Penal español de 1870, extensivo a Cuba por Real Decreto de mayo de 1879, confirmándose su validez por el gobernador general militar en enero de 1899.

En febrero de 1912, siguiendo la postura reglamentista asumida hasta aquel entonces con relación a la prostitución, se redacta un nuevo reglamento, así como decretos y resoluciones dirigidas a regular este fenómeno, entre ellos, los que estipulaban la inscripción obligatoria de las prostitutas, las obligaciones de los burdeles, casas de citas y matronas y la organización del servicio sanitario.

En el período de 1873-1913, Cuba figuró como uno de los países reglamentistas que admitía la prostitución como un mal necesario y circunscribiendo la actividad de los prostíbulos a determinadas áreas o calles en los pueblos o ciudades; organizando así las zonas de tolerancia.

A la sombra de las zonas de vigilancia o tolerancia floreció el negocio de los comerciantes de bodegas o tabernas inmediatas a los prostíbulos que tomaban en arrendamiento las casas de las cuadras o manzanas contiguas, las tabicaban y convertían en infinidad de cuartos que a su vez arrendaban a las meretrices.

También el tráfico de prostitutas se extendió a las zonas rurales al llegar la época de recogida de cosechas. De esta forma la prostitución como un negocio organizado fue objeto de la benevolencia de los gobernadores de turno y jefes de la policía quienes tenían en el "chulo" o proxeneta a un eficiente colector de las utilidades de tan opulento negocio.

En nuestro país aparece regulada la conducta de proxenetismo como delito por primera vez a partir del Código de Defensa Social de 1936, bajo el título XI denominado: "Delito contra las buenas costumbres y el orden de la familia" con el nombre de "proxenetismo y trata de blancas", en su artículo 489, el que tuvo muy poca aplicación, ya que contaba con la aprobación encubierta de quienes ostentaban el poder político y sus gendarmes, lo que hacía posible que los proxenetas obtuvieran enormes beneficios económicos de la explotación de la prostitución. A los efectos de esta regulación se entendía por proxeneta, el que cooperaba, promovía, facilitaba, protegía o por cualquier otro medio, modo o forma explotaba la prostitución para su ejercicio dentro o fuera de Cuba u obtenía beneficios del tráfico. Se incluía además, en la figura delictiva la conducta del que notoriamente vivía del producto de la prostitución, al que tuviera a una persona contra su voluntad en el ejercicio de dicha actividad y al que habitualmente se dedicaba a mantener casas de lenocinio, prostíbulos o lupanares. De ahí que el delito tuviera carácter permanente, era realmente un modo de vivir parasitario que distinguía la totalidad de la conducta del sujeto comisor.

Se trataba de la explotación de una o más mujeres, pero esa explotación no podía hacerse de modo ocasional, sino que tal como en la sociedad capitalista se explota el trabajo ajeno, constituía un sistema de vida.

A su vez, en el artículo 48 del propio texto legal que definía el estado peligroso como una institución del Derecho Penal, entre sus índices de peligrosidad, incluía el ejercicio de la prostitución en los menores de edad y el comercio conocido como "trata blancas" que no constituyere delito, así como también la explotación o el ejercicio de vicios moralmente reprobables, estando también de forma implícita tipificada la conducta del proxeneta.

De lo que se infiere que el proxenetismo tenía en esta legislación un tratamiento dual, podía ser considerado delito o estado peligroso, en este último supuesto, le correspondía la aplicación de una medida de seguridad, valorada como un medio de prevención especial.

En conclusión, toda esta etapa prerrevolucionaria estuvo matizada por la corrupción administrativa, característica de los gobiernos de turno. Lo que traía como consecuencia un crecimiento de la explotación de los distintos vicios de la sociedad, la prostitución, el proxenetismo, el tráfico de drogas y el gangsterismo, entre otros y aunque ya se regulaba el proxenetismo como delito, la aplicación de sus preceptos legales fue casi nula por las razones expuestas.

Al triunfar la Revolución cubana se produce una ofensiva para eliminar la prostitución y todas las actividades delictivas que con ellas se vinculaban, entre las medidas adoptadas se cierran burdeles, casas de citas y fundamentalmente la actividad se encaminó a eliminar las causas que originaron este fenómeno social. Como máxima expresión de la discriminación de la mujer, al respecto nuestro Comandante en Jefe Fidel Castro Ruz en discurso pronunciado en la Asamblea General de los Comités de Defensa de la Revolución de 28 de septiembre de 1961 expresó:

" *así que lo advertimos, que va a comenzar la lucha contra ese elemento corrompido y antisocial. La batida hay que darla contra los que se dedican al infamante negocio de la explotación de las mujeres*".

Por medio de la Ley 993 de diciembre de 1961, se modificó el Código de Defensa Social con el fin de contar con un instrumento legal que permitiera erradicar aquella lacra social que durante años perturbó la imagen de nuestras ciudades más importantes, se deroga su artículo 489 y a partir de afianzarse a la teoría de la peligrosidad social, regula al proxenetismo sólo como un índice de peligrosidad social, considerando sujeto peligroso a todo aquel que explotare en cualquier forma o modo la prostitución de acuerdo a lo preceptuado en el inciso 11 del apartado B del artículo 48.

Al principio de la década de los 70, el país sufre una grave crisis económica y en tales circunstancias resurgen algunos focos de prostitución acompañados de su fenómeno paralelo, el proxenetismo. Por ello la Ley no. 1249 de junio de 1973, volvió a considerar como figura delictiva al proxenetismo, pero a su vez lo mantuvo como estado peligroso ya que no derogó la Ley 993, por tal motivo continuaba en vigor su regulación al respecto, esta concepción dualista confirió diferentes opciones para el enfrentamiento de esta conducta, lo que implicó mayor flexibilidad a la Ley en su aplicación, posibilitando una respuesta penal más justa en correspondencia a la peligrosidad de su comisor y los hechos perpetrados.

El texto de la nueva tipificación para el proxenetismo como delito expresaba: *"el que coopere, proteja o por cualquier medio explote u obtenga beneficios de la prostitución será sancionado con privación de libertad de uno a seis años"*

En la Ley 21 del 15 de febrero de 1979, que constituyó nuestro primer código penal de la época revolucionaria. Se reafirma el proxenetismo como un estado peligroso, conjuntamente con el ejercicio de la prostitución, siguiendo la regulación adoptada en el texto legal precedente. Al producirse la promulgación del Código Penal, Ley 62 de 1987[40] con su tendencia a la despenalización, continúa considerándose el proxenetismo como un estado peligroso ya que el índice denominado conducta antisocial, expresa:

"Se considera en estado peligroso por conducta antisocial al que quebranta habitualmente las reglas de convivencia social mediante actos de violencia, o por otros actos provocadores, viola derechos de los demás o por su comportamiento en general daña las reglas de convivencia o perturba el orden de la comunidad o vive, como

---

[40] Publicado en la *Gaceta Oficial de la República de Cuba,* edición especial, no. 3 de 30 de diciembre de 1987.

un parásito social, del trabajo ajeno o explota o practica vicios socialmente reprobables".

Consideramos al respecto que el proxeneta está aquí incluido, pues es un sujeto que tiene un modo de vida antisocial y explota los vicios vinculados a la conducta sexual, criterio con el cual se desarrolló la práctica judicial en todos estos años.

Los cambios producidos en nuestro país especialmente en las dos últimas décadas, impusieron la necesidad de remodelar la estrategia de desarrollo para nuestra sociedad, a tales efectos se producen reajustes en el orden económico, político y social. A tenor de estos cambios, se comienza a observar la proliferación de procesos negativos entre los que se destacan la pérdida de valores sociales y morales, el incremento de la actividad delictiva, apreciándose una alta incidencia en las conductas de prostitución y proxenetismo, con una sensible repercusión en el orden político, social y moral.

Por tales motivos, el Decreto Ley 175 de junio de 1997, modificativo del Código Penal vigente, teniendo en cuenta la manifestación creciente en nuestra sociedad del fenómeno de la prostitución y con ella del proxenetismo, vuelve a considerar como delito esta conducta y otras que se vienen realizando vinculadas al ejercicio o explotación de la prostitución, ampliando los comportamientos regulados como tal, incluyendo como figura delictiva la trata de personas, ante la posibilidad de su comisión en la realidad actual de nuestro país que no puede estar ajeno a la existencia de este delito en el contexto internacional, máxima expresión del crimen organizado entorno al sexo.

A través de este cuerpo legal se modifica el artículo 302 del Código Penal, el que a partir de ese momento constituirá la Sección cuarta del capítulo I, del Titulo XI del Libro II, que define cuatro conductas como figuras básicas del delito de proxenetismo y trata de personas: inducir, cooperar, promover la prostitución o el comercio carnal, poseer, dirigir, administrar, hacer funcionar o financiar establecimientos a tales efectos.

Por último, la Ley 87 de febrero de 1999, modificativa del Código Penal reafirma la condición de delito de proxenetismo en el que incluye toda aquella conducta que se vincula a la explotación o ejercicio de la prostitución o el comercio carnal y eleva el rigor de las sanciones penales.

61

Desde la perspectiva legislativa, entonces podemos afirmar que en toda la etapa revolucionaria se ha caracterizado el tratamiento jurídico penal del delito de proxenetismo, por corresponderse con la tendencia de comportamiento de esta conducta, tanto en los momentos de incremento como en aquellos de retraimiento de la misma en estrecha relación con los factores condicionantes de su existencia, por lo que ha sido una preocupación constante de nuestro Estado luchar por la eliminación de esta lacra social[41]. Además de lo antes expuesto se continúan realizando diversas tareas que contribuyen a prevenir y enfrentar estas manifestaciones como parte de nuestra política

---

[41] El interés estatal viene fundamentado a su vez, entre otras, por las siguientes razones:

a) La cifra negra de proxenetismo desvirtúa nuestro proceso social y los fines que el mismo persigue en cuanto a la concepción de "a cada cual según su capacidad, a cada cual según su trabajo".

b) El proxenetismo por su carácter pluriofensivo afecta varios bienes jurídicos generales y particulares protegido por nuestras leyes.

c) impide perfeccionar el trabajo preventivo en las comunidades al obstaculizar la detección de un conjunto de irregularidades e incoherencias en este sentido.

d) incentiva las diferencias de género en el ámbito intrafamiliar y comunitario.

criminal por medio de su tratamiento jurídico criminológico, entre las que se destacan:

- En los centros turísticos y hoteleros se trabaja por eliminar las deficiencias en el control que propician el surgimiento de estas conductas en dichas instalaciones.

- Se han realizado reuniones en la capital dirigidas a analizar el comportamiento de esta problemática con una participación activa del partido, presidentes y vicepresidentes de las Asambleas Municipales del Poder Popular, vicepresidentes de las comisiones de Prevención y Atención Social, presidentes de las comisiones permanentes de Trabajo Legalidad y Orden Interior y las estructuras de las cinco regiones del sistema PNR[42], entre otros.

-Se ha desarrollado la operación "Reconquista" que ha permitido la reinvestigación de personas controladas para precisar las que se mantienen activas en el ejercicio de la prostitución, el proxenetismo y corrupción de menores y al respecto adoptar las medidas y acciones correspondientes en cada caso.

---

[42] Policía Nacional Revolucionaria.

Como resultado de estas acciones, en específico con relación a los proxenetas, hasta el mes de enero de 2009 se habían investigado en la capital un total de 670 personas, de ellas el 15% se ha definido como activas en el ejercicio de esta actividad ilícita, lo cual evidencia su descenso respecto al último estudio realizado en el año 1999, contrario a la percepción popular.

Ahora bien, para nadie es secreto que los cambios producidos en la sociedad cubana que incluyen parte de la década de los 80 y los 90, ocasionados fundamentalmente por el descalabro del socialismo en Europa del Este y la URSS, con sus enormes estragos en la economía nacional y la intensificación de la más feroz guerra económica que haya desatado el imperialismo yanqui contra cualquier país, han impuesto el desafío más extraordinario que ha tenido que afrontar la Revolución en toda su existencia.

La estrategia trazada por la dirección del país para salvar la Revolución, como piedra angular para dirigir las acciones estatales y sociales, ha perseguido como objetivos medulares: luchar por la subsistencia, mantener los beneficios sociales básicos para la población y la reconstrucción y consolidación de nuestra economía, en tan difícil escenario se ha desarrollado la vida del pueblo cubano en estas dos últimas décadas.

Con tales fines se adoptaron determinadas medidas por el Estado cubano dirigidas a palear la situación económica crítica, destacándose entre ellas: la despenalización de la tenencia y uso de divisas[43], la apertura del capital extranjero en función de las inversiones en el país[44] y el desarrollo de la industria turística internacional.

Los cambios acaecidos en el plano económico, social y político han repercutido en las condiciones materiales y espirituales de nuestra sociedad, si los comparamos con las condiciones alcanzadas en años anteriores como fue la década de 1980, han propiciado que afloren o aparezcan conductas y comportamientos ajenos al proyecto revolucionario, como resultado de la heterogeneidad en la forma de pensar y actuar de los sujetos, que no son más que la muestra de las diversas percepciones de estos cambios y su reflejo en la conciencia individual, manifestándose estas conductas negativas como consecuencia del deterioro de valores socio-morales y político-ideológicos.

---

[43] Por Decreto Ley 141 de 1993.
[44] Promulgado por la Ley 77 de 1995.

Unido a ello, en el orden interno, las insuficiencias en el control y protección de los bienes estatales, cierto resquebrajamiento de la vigilancia revolucionaria y una creciente indisciplina social, incidieron entre otros factores en el incremento de la complejidad de la ocurrencia delictiva, que llegó a tener valores significativos, con una tendencia ascendente, en los años 1991-1995 cuando se registraron los más altos índices de criminalidad de las últimas décadas; no obstante, se comenzó a revertir esta situación a partir de 1997.

En el centro de esta problemática se destaca Ciudad de La Habana, la capital, en donde se concentra la vida económica, política y social del país, afectada por los más altos índices de criminalidad, con la concentración de un 55,5% del turismo internacional que visitó el país en 1997, superándose considerablemente en los años posteriores, pues dicha esfera continúa incrementándose a pesar de la contrastante exposición al máximo rigor de las dificultades socio-económicas que acarrea el período especial, entre los que se destacan la no satisfacción de los requerimientos mínimos de los gastos alimentarios en un sector considerable de la población y el impacto de las transformaciones ocurridas en los últimos años en la conciencia y el comportamiento social.

Unido a estas implicaciones objetivas, en el plano subjetivo, toma fuerza la psicología de subsistencia en el orden del resquebrajamiento de los valores, ya que se presenta con signos significativos, en la conciencia de un sector considerable de la población, el hecho de sólo poder resolver los problemas con dinero, lo que deviene en factor impulsor de la búsqueda de nuevas fuentes de ingresos. De ello resulta que un segmento poblacional se incline por las modalidades ilícitas, como paliativo para poder mejorar en ocasiones, aunque sea de forma artificial, la situación económica.

Esta dinámica que forma parte de la psicología cotidiana actual, proyecta un mosaico de actitudes donde el individualismo, la búsqueda de vida fácil, el rechazo pasivo o la indiferencia ante lo indebido o ilícito, aparecen como componentes del sustrato moral de determinados sectores de la sociedad, favoreciendo la extensión y diversificación de la marginalidad y la criminalidad y en algunos aspectos se evidencia hasta una diosificación de la prostituta[45] o el proxeneta.

La diosificación antes expuesta, tiene lugar entre otras razones, por ser estas personas las que en muchas ocasiones proveen a los vecinos que integran la comunidad de determinados beneficios económicos, convirtiéndose así en "la gallina de los huevos de oro" que muchos cuidan, protegen y nadie quiere perder.

A ello se suma la existencia de una percepción popular muy diferente sobre el proxenetismo Hombre-Hombre y Mujer-Mujer, respecto a la variante Hombre-Mujer, debido a una malformación generalizada sobre la identidad de género, desde una perspectiva socio-histórica en la mayoría de nuestra población.

---

[45] En cuanto a la prostituta, vale destacar que en nuestro ordenamiento jurídico la misma en dicha actividad no comete delito alguno, pues su actividad es considerada una conducta antisocial que deviene en estado peligroso, por los escenarios en que se desarrolla y la proclividad de comisión de otros actos delictivos sancionados por la ley. (*Vid.* DERMEVAL, C.A. "*Psicología comunitaria de Liberación. Fundamentos*". Centro Brasileño de Investigaciones en salud mental, 1996. P. 25).

Muchas veces las manifestaciones violentas del proxenetismo no son denunciadas por la comunidad, por el simple hecho de tratarse de asuntos concernientes a "marido y mujer donde nadie se debe meter", pues muchos apelan a que la mujer es la que se lo busca por "aguantona", "le tocó", por el hecho de venir al mundo siendo mujer, considerándose como fundamento de existencia y un deber natural y social la propio proxeneta.

Desde esta misma perspectiva, aún existen contradicciones e incoherencias entre las técnicas legislativas, en la regulación de las modalidades en que se puede presentar el delito de proxenetismo en relación directa o indirecta con la prostitución y su tratamiento fáctico.

2.2. Bien jurídico protegido y conducta típica en el Código Penal Cubano. Ley 62/87.

En la actualidad en correspondencia con la política criminal de nuestro Estado y por sus diversas manifestaciones el proxenetismo es considerado una tipicidad o conducta delictiva priorizada en el enfrentamiento tanto por el sistema de Justicia Penal como por toda la sociedad, lo que afirma una vez más que el tratamiento legislativo dado a esta conducta

69

responde a la voluntad política encaminada a su eliminación como fenómeno negativo que atenta contra los principios morales y éticos de nuestra sociedad.

La conducta delictiva, objeto de nuestro análisis, bajo el nombre de proxenetismo y trata de personas, aparece regulada en nuestro Código Penal vigente a tenor de las modificaciones introducidas por la Ley 87/99 en el TITULO XI que agrupa el normal desarrollo contra las relaciones sexuales y contra la familia, la infancia y la juventud, en su capítulo I, dedicado propiamente a los "Delitos contra el Normal Desarrollo de las Relaciones Sexuales", y en tal sentido acompaña a otras figuras delictivas como la "violación", "pederastia con violencia", "abusos lascivos y el ultraje sexual", de ahí que afirmamos que el objeto particular o especial de protección, conocido en la doctrina como objetividad jurídica o bien jurídico protegido, en este conjunto de delito es la libertad sexual y la moral sexual, entendiendo por esta última la decencia pública en materia de sexo.

Consideramos que resulta de interés señalar que la redacción asumida en el Código Penal es la de regular en una sola norma jurídica, siguiendo un criterio unitario, la figura delictiva denominada

70

Proxenetismo y Trata de Personas. Pero desde el punto de vista técnico jurídico, estamos en presencia de dos conductas perfectamente diferenciables, pudiendo asumir que nos encontramos en una relación de género especie. En el que el proxenetismo es la figura más abarcadora o general y la Trata de Personas la más específica o particular.

Teniendo en cuenta esta concepción el autor asume el nombre de proxenetismo para su estudio, a partir de este momento, en correspondencia con el objeto de la investigación, sólo haciendo alusión al proxenetismo y trata de personas al referirse a su regulación jurídica.

Se entiende que el proxenetismo, en su concepción clásica es la explotación de la prostitución, que aun cuando el caso corriente es cometido en la mujer, no se excluye al hombre de este género de actividades, por tanto, la existencia de la prostitución es la *conditio sine quanon* para su materialización, confirmando así que ambas conductas proxenetismo-prostitución son caras de una misma moneda.

La concepción de proxenetismo adoptada por nuestra Ley Penal vigente incluye a todo aquel que que favorezca directa o indirectamente el ejercicio de la prostitución por un tercero, haya lucro o no, en la mencionada intermediación, posición que resulta confirmada por la doctrina jurídica, no obstante, se observa que el móvil o motivo del proxeneta, por lo general, es el lucro.

Resulta necesario puntualizar que la conducta típica del proxeneta se materializa sobre personas mayores de edad (16 años) ya que la conducta similar cuando tiene como objeto directo de la acción a menores de edad es uno de los supuestos del delito de corrupción de menores regulado en el artículo 310[46] del propio

---

[46] **ARTICULO 310. 1.** (Modificado) El que utilice a una persona menor de 16 años de edad, de uno u otro sexo, en el ejercicio de la prostitución o en la práctica de actos de corrupción, pornográficos, heterosexuales u homosexuales, u otras de las conductas deshonestas de las previstas en este Código, incurre en sanción de privación de libertad de siete a quince años.
2. (Modificado) La sanción es de privación de libertad de veinte a treinta años o muerte en los casos siguientes:
a) si el autor emplea violencia o intimidación para el logro de sus propósitos;
b) si como consecuencia de los actos a que se refiere el apartado anterior, se ocasionan lesiones o enfermedad al menor;
c) si se utiliza más de un menor para la realización de los actos previstos en el apartado anterior;
ch) si el hecho se realiza por quien tenga la potestad, guarda o cuidado del menor;

texto legal. No obstante, esta precisión técnica, no excluye la posibilidad de que entre ambos delitos exista, en determinados casos, algunos supuestos de conexidad.

Al analizar la figura básica preceptuada en el apartado 1 del artículo 302[47], observamos que

---

d) si la víctima es menor de doce años de edad o se halla en estado de enajenación mental o de trastorno mental transitorio, o privada de razón o de sentido por cualquier causa o incapacitada para resistir;

e) cuando el hecho se ejecuta por dos o más personas.

3. El que induzca a una persona menor de 16 años de edad a concurrir a lugar en que se practiquen actos de corrupción, incurre en sanción de privación de libertad de tres a ocho años.

4. La mera proposición de los actos previstos en los apartados 1 y 3 se sanciona con privación de libertad de dos a cinco años.

5. En los casos de comisión de los delitos previstos en este artículo podrá imponerse además, como sanción accesoria, la de confiscación de bienes.

Este artículo fue modificado por el artículo 29 del Decreto-Ley No. 175 de 17 de junio de 1997 (G.O. Ext. No. 6 de 26 de junio de 1997, pág. 44). El apartado 2 fue modificado por el artículo 18 de la Ley No. 87 de 16 de febrero de 1999 (G.O. Ext. No. 1 de 15 de marzo de 1999, pág. 7).

[47] **ARTICULO 302. 1.** (Modificado) Incurre en sanción de privación de libertad de cuatro a diez años, el que:

a) induzca a otro, o de cualquier modo coopere o promueva a que otro ejerza la prostitución o el comercio carnal;

b) directamente o mediante terceros, posea, dirija, administre, haga funcionar o financie de manera total o

73

parcial un local, establecimiento o vivienda, o parte de ellos, en el que se ejerza la prostitución o cualquier otra forma de comercio carnal;

c) obtenga, de cualquier modo, beneficios del ejercicio de la prostitución por parte de otra persona, siempre que el hecho no constituya un delito de mayor gravedad.

2. La sanción es de privación de libertad de diez a veinte años cuando en los hechos a que se refiere el apartado anterior concurra alguna de las circunstancias siguientes:

a) si el inculpado, por las funciones que desempeña, participa en actividades relacionadas, de cualquier modo, con la protección de la salud pública, el mantenimiento del orden público, la educación, el turismo, la dirección de la juventud o la lucha contra la prostitución u otras formas de comercio carnal;

b) si en la ejecución del hecho se emplea amenaza, chantaje, coacción o abuso de autoridad, siempre que la concurrencia de alguna de estas circunstancias no constituya un delito de mayor gravedad;

c) si la víctima del delito es un incapacitado que esté por cualquier motivo al cuidado del culpable.

3. La sanción es de veinte a treinta años de privación de libertad en los casos siguientes:

a) cuando el hecho consista en promover, organizar o incitar la entrada o salida del país de personas con la finalidad de que éstas ejerzan la prostitución o cualquier otra forma de comercio carnal;

b) si el hecho se ejecuta por una persona que con anterioridad ha sido sancionada por el delito previsto en este artículo;

c) cuando el autor de los hechos previstos en los apartados anteriores los realiza habitualmente.

4. En los casos de comisión de los delitos previstos en este artículo puede imponerse, además, como sanción accesoria, la de confiscación de bienes.

son varias las modalidades delictivas contempladas, todas encaminadas de una y otra forma a que el sujeto pasivo ejerza la prostitución o cualquier otra forma de comercio carnal.

Con relación al sujeto pasivo y al activo son indiferenciados, el delito puede ser cometido por cualquier persona, posición corroborada al utilizar indistintamente los vocablos "otro" y "persona", sin hacer alusión al sexo. En el caso de sujeto activo o comisor es aquel que incurre en la conducta descrita como delito, es por tanto el proxeneta y el sujeto pasivo es la persona que ejerce la prostitución o actos de comercio carnal.

Al analizar las conductas descritas por la figura básica del inciso a) del apartado 1, buscando el alcance de sus verbos rectores, es decir de aquellos que indican la conducta a cometer por el comisor, podemos referir al respecto:

---

5. Se considera comercio carnal, a los efectos de este artículo, toda acción de estímulo o explotación de las relaciones sexuales como actividad lucrativa.
Esta Sección fue adicionada por el artículo 27 del Decreto-Ley No. 175 de 17 de junio de 1997 (G.O. Ext. No. 6 de 26 de junio de 1997, pág. 43) y posteriormente modificada por el artículo 17 de la Ley No. 87 de 16 de febrero de 1999 (G.O. Ext. No. 1 de 15 de marzo de 1999. P. 6 y 7).

Que inducir: es un verbo que proviene del latin *inducere*, significa hacer consejos, promesas, amenazas, que alguien realice cierta acción. Es sinónimo de animar, aconsejar azuzar, impulsar instigar. Es un verbo perfectivo lo que indica que la acción termina con el logro de su objetivo, aspecto a tener en cuenta para el análisis del grado de realización del delito, ya que de no lograrse la finalidad del sujeto, el delito queda en grado de tentativa.

El verbo cooperar, del latin *cooperari*, significa trabajar u obrar juntamente con otro u otros para lograr un mismo fin.

Promover, del latín *promovere*, significa incoar, principiar una acción, impulsar, impeler una cosa procurando su logro, remover los obstáculos que puedan interponerse para alcanzarlos. Aplicado al delito en cuestión, implica impulsar a una persona al ejercicio de la prostitución. Tiene el mismo alcance del verbo inducir.

En la modalidad delictiva descrita en el inciso b) del apartado 1, se contempla como proxeneta aquel que directamente o mediante terceros crea condiciones básicas para la existencia de la prostitución, aportando la infraestructura materia que permite que se haga de este delito un negocio altamente lucrativo, de ahí que abarca la figura de los propietarios, arrendatarios o usufructuarios de locales o viviendas que los destinan tanto total como parcialmente a los fines del ejercicio de la prostitución, así como aquellos que se encargan de su puesta en marcha, funcionamiento o financiamiento. Ejemplo las casas de citas y burdeles.

Un inciso sumamente polémico de la figura básica es el regulado en el inciso c) del apartado 1, referido a aquellos que de cualquier modo obtienen beneficios del ejercicio de la prostitución por parte de otra persona, su formulación plantea un reto en el empleo de la norma penal por su carácter tan general, bajo este supuesto pueden valorarse, entre otros, casos tales como el de las parejas unidas en matrimonio formalizado o no, en el que una de ellas, tolera que la otra ejerza la prostitución, y por tanto, obtiene beneficios de dicha actividad; el de los taxistas o boteros que acceden a transportar a las prostitutas a sabiendas de su condición, recibiendo el pago proveniente de sus actos y el de aquellas personas que alquilan sus viviendas o partes de ellas como residencias temporal o permanentes a prostitutas y/o proxenetas con conocimiento de su actividad, sin que ello integre el supuesto del inciso b)

Del análisis de las diferentes modalidades delictivas preceptuadas en la figura básica, podemos concluir que estamos en presencia de un delito eminentemente de carácter intencional y que todas las conductas requieren alcanzar un resultado concreto o material vinculado con el ejercicio de la prostitución o el comercio carnal.

Con relación a las figuras agravadas reguladas en el apartado 2 del propio artículo 302, podemos analizar con respecto al inciso a) que la finalidad del legislador en estos supuestos es sancionar con mayor severidad a los sujetos que están relacionados por su actividad profesional con sectores de la vida social de alta sensibilidad.

Tales son los casos, por ejemplificar algunos, de aquellos encargados de la formación de las nuevas generaciones, de inculcar valores éticos y morales de la sociedad socialista en niños y jóvenes, los vinculados al sector de salud pública, más que todo por razones éticas de su profesión los funcionarios y trabajadores de la esfera del turismo, ya que alrededor de esta actividad se ha proliferado fundamentalmente este delito y también aquellas personas a través de las cuales se garantiza en el país la protección y mantenimiento del orden público y la lucha contra los delitos y conductas antisociales y dentro de ellos, la prostitución y los fenómenos vinculados a ella, nos referiremos a funcionarios de los órganos del sistema de justicia penal, entiéndase en específico policías, jueces y fiscales.

En el supuesto del inciso b), la figura delictiva básica se agrava cuando en su comisión se emplea amenazas, coacción o chantaje como vía para lograr satisfacer su intención criminal, provocando en la víctima serio y fundado temor que le impulsa, por tanto, a la realización de estos hechos.

Al referirse al abuso de autoridad expresado en este propio inciso consideramos que puede estar dado ya bien por un indebido ejercicio de un cargo o función legal o cuando la autoridad le viene dada por la ascendencia que tienen los padres sobre sus hijos, los autores sobre los tutelados y los directores de los establecimientos asistenciales, de educación o reeducación sobre sus pupilos.

Con relación al inciso C del propio apartado 2, la agravación se manifiesta, cuando la víctima es un incapacitado al cuidado del culpable por cualquier motivo, esta expresión debe entenderse en sentido amplio, pudiendo llegar a ser el comisor, el padre, el hijo, hermano, cónyuge, o cualquier persona que tenga la tutoría sobre el incapaz, se excluyen los menores en esta categoría por las razones anteriormente expuestas a inicios de este acápite.

Al referirnos al incapaz no se requiere que previamente haya sido declarado incapacitado, sino que de hecho esté imposibilitado de conducirse con arreglo a las normas sociales y de disponer o determinar sobre su conducta, necesidades e intereses y de comprender el alcance de sus actos.

En cuanto a las conductas descritas en el apartado 3 del artículo 302, en el inciso a) se regula la modalidad delictiva que ha sido conocida como "trata de blancas", y que en la actualidad, bajo enfoques más modernos del Derecho Penal, se denomina trata de personas, sin hacer distinciones a raza o sexo, por lo tanto tiene una concepción más abarcadora.

Valoramos que aquel que se dedica a esa conducta puede ser catalogado como un proxeneta al por mayor, visto en la actualidad como una de las formas de crimen organizado. Su inclusión en nuestro cuerpo legal responde a una realidad internacional que adquiere cada día proporciones alarmantes, realidad de la que no podemos escapar y debemos estar alerta sobre su posible comisión en nuestro concepto social.

Además de las razones argumentadas, nuestro país es signatario del "Convenio Contra Todas las Formas de Discriminación Contra la Mujer", de la Asamblea General de las Naciones Unidas de 18 de diciembre de 1979, por lo que se decide incluirlo como parte de de las modificaciones realizadas a nuestro texto legal vigente en los últimos años.

Al referirnos al inciso b) del apartado 3, estamos en presencia de una figura de agravación máxima que hace alusión a la categoría jurídica de la reincidencia regulada en la parte general del Código Penal, pero con la condición de que se trate de un delito de esta propia naturaleza el que sirva de antecedente, no obstante este precepto no excluye la posibilidad de apreciación que el tribunal pueda hacer de la reincidencia o multirreincidencia del artículo 55, al que hemos hecho referencia pues el sujeto puede que haya sido ejecutoriamente sancionado con anterioridad por delito o delitos de la misma especie o de especies diferentes o ambos.

Por último, en cuanto al inciso c) del mencionado apartado, al hacer referencia a la habitualidad, ésta es considerada por la doctrina jurídica, como la comisión de una pluralidad de actos tipificados como delitos en el cuerpo legal, es valorada como costumbre adquirida por la repetición de los actos delictivos, lo que facilita su ejecución dado el adiestramiento de adquirido con la práctica de su ejercicio, implica que los actos se hagan costumbres, no basta la repetición de infracciones. Consideramos que es una circunstancia de difícil apreciación sobre todo por el elemento probatorio.

En cuanto al apartado 4, está dirigido a establecer la facultad del tribunal, de aplicar como sanción accesoria la confiscación de bienes de forma facultativa, de esta manera se dispone desposeer al sancionado de sus bienes, total o parcialmente, transfiriéndolos a favor del Estado, se excluyen aquellos bienes u objetos imprescindibles para satisfacer las necesidades vitales, tanto personales, como de los familiares a su abrigo.

Como se observa en el apartado 5 se define lo que se entiende como comercio carnal, al respecto valoramos que el comercio carnal guarda respecto a la prostitución una relación de género a especie, ya que en sí incluye a la prostitución y otras conductas relacionadas con el sexo ilícito, que se realizan a cambio de cualquier tipo de beneficio o ventaja, es decir, con ánimo de lucro.

Consideramos que el tratamiento legislativo dado al delito de proxenetismo en la Ley Penal vigente, se corresponde con las manifestaciones actuales de dicho delito y su peligrosidad social y da cabida a todas las posibles formas que este fenómeno delictivo pueda adoptar en el futuro inmediato.

En este capítulo se han concretado ideas fundamentales que permiten una mejor comprensión acerca del proxenetismo, lo que nos permite concluir que es un fenómeno social al que se brinda atención jurídico-penal; tanto por los organismos internacionales como por la mayoría de los países, es reconocida la necesidad de su tutela penológica a partir de sus nefastas consecuencias para la sociedad y su tratamiento legislativo está determinado por la política criminal de cada Estado.

3. Enfoque preventivo comunitario.

3.1. Prevención, comunidad y participación. Definiciones conceptuales.

Etimológicamente el vocablo "prevención", proviene del latin *"preventione"* indica la acción o efecto de prevenir, disponer, organizar y prever para evitar un riesgo. Algunos autores la han definido como: *Conjunto de medidas estatales, sociales de dieversa índole (morales, psicológicas, jurídicas), dirigidas a erradicar las causas y condiciones que engendran el fenómeno social de la delincuencia*[48].

Desde una perspectiva sociológica la Doctora CAMPOALEGRE SEPTIEM ha definido la prevención como una *"función social orientada a*

---

[48] GAVANESOV, K. y otros 1989, citado por SONORA CABALEIRO, M. S.: *"Prevención comunitaria: Investigación-intervención"*. Tesis presentada en opción del título académico de máster en desarrollo y planeación de la prevención. P. 10. También comparten esta idea conceptual los doctores Maria de los Ángeles Tovar y Alipio Sánchez Vidal.
Vid: TOVAR PINEDA, M.A.: *"Selección de Lecturas de Psicología Comunitaria"*. La Habana, Segunda Edición, 1994.
Vid: SÁNCHEZ VIDAL, A.: *"Psicología Comunitaria"*. Ponencias de Derecho Penal. Organización Nacional de Bufetes Colectivos. En PPU, S.A., España. 1989.

contribuir con la organicidad y viabilidad del sistema, un proceso ideológico de formación, conservación y promoción de valores socialmente aceptados"[49].

Desde nuestra perspectiva, sin apartarnos de las definiciones antes planteadas, podemos concebir la prevención como una *Institución sociológica, ideológica y cultural que se expresa a través de diversas medidas estatales encaminadas a erradicar el fenómeno delictivo, sus causas y consecuencias por medio de organización de procesos psicológicos, jurídicos y morales.*

Por nuestra parte la comunidad debe entenderse como un *grupo social que reside en una localidad y comparten una herencia cultural e histórica y marcadas relaciones interpersonales que establecen un alto nivel de cohesión.*

En este sentido podemos entender por participación al *proceso que implica la activa incorporación de la comunidad a la planificación y*

---

[49] CAMPOALEGRE SEPTIEM, R. Tesis de Doctorado *"La delincuencia juvenil en Cuba, Realidades y Desafíos ante el nuevo milenio"* Instituto Superior Militar   Eliseo Diego "Capitan San Luis". 2003. P. 35

ejecución de las alternativas de solución a los problemas que la afectan[50].

De todo lo anterior se pueden referir algunos de los elementos más generalmente aceptados entre autores extranjeros y cubanos:

- Se constituye como grupo humano.
- Comparte un determinado espacio físico - ambiental o territorio específico.
- Tiene una permanencia en el tiempo apoyada en una, o en un conjunto de actividades económicas, sobre todo en su proyección más vinculada a la vida cotidiana.
- Desarrolla un amplio conjunto de relaciones interpersonales.
- Integra un sistema de interacciones de índole sociopolítica.
- Sostiene su identidad e integración sobre la base de la comunidad de necesidades, intereses, sentido de pertenencia, tradiciones culturales y memoria histórica (y la diferenciación respecto a sistemas

---

[50] SOÑORA CABALEIRO, M.S. en *"Prevención comunitaria: Investigación-intervención.* Tesis presentada en opción del título académico de máster en desarrollo y planeación de la prevención. P. 18.

sociales externos: otras comunidades, la sociedad...)

- Es parte de sistemas sociales mayores.

Conclusiones

Durante nuestra última fase de investigación hemos arribado a seis conclusiones fundamentales a saber:

1. Durante el devenir histórico nacional e internacional el delito de proxenetismo ha variado en su concepción sociojurídica y expresión legislativa, tipificándose irregularmente como conducta delictiva en algunos ordenamientos legislativos. En el caso propiamente cubano, esta situación ha permitido, a pesar de las políticas preventivas diseñadas, la persistencia de la delincuencia negra correspondiente y con alta intensidad y niveles de instrucción criminal *versus* la pasividad y los bajos niveles de preparación de las instituciones y la sociedad en general para su enfrentamiento.

2. Los factores categóricos de la intensificación de la cifra negra de proxenetismo en el barrio de

Monte y Cienfuegos durante el período comprendido entre los años 2009-2010 han sido:

- aumento de las necesidades sentidas y sufridas por la comunidad y su desconocimiento por parte de los factores sociales y políticos de la localidad; así como su carente estudio profesional.
- enajenación de segmentos poblacionales del proceso de instrumentación de las soluciones a las problemáticas que afectan la comunidad.
- necesidad de mayor capacidad de los jefes de sectores para activar las comunidades en la prevención de delitos.

3. Las incoherencias latentes en el sistema de prevención comunitaria estuvieron dadas por la falta de homogeneidad del trabajo preventivo; así como la poca comunicación entre los factores políticos y sociales, en la planeación estratégica de la prevención delictiva y la marcada pasividad en el enfrentamiento al delito de proxenetismo en sus distintas expresiones.

4. El desarrollo de una coordinada intervención educativa por personal especializado en Monte y Cienfuegos, con la participación de la comunidad y de sus factores dirigentes bajo la máxima de *aprender-haciendo,* permite mejorar estilos de vidas y formas de enfrentamiento a la

delincuencia negra de proxenetismo de manera efectiva, todo ello expresándose en los siguientes resultados empíricos:

- establecimiento de estándares de la frecuencia delictiva y su intensidad.
- mayores resultados preventivos en menor tiempo de trabajo.
- disminución de la frecuencia delictiva y de la intensidad delictiva en la cifra negra, expresándose además dicho resultado en la cifra legal.
- menor gasto de recursos materiales en la actividad preventiva.
- mayor cohesión política-ideológica en las actividades desarrolladas en la comunidad.

5. Como resultados específicos de nuestra intervención en la barriada de Monte y Cienfuegos, se disminuyó considerablemente la intensidad de la cifra negra delictiva. Ello se expresó en :

- La disminución de la ejecución de aquellas modalidades socialmente más peligrosas, como la corrupción de menores o el uso de la fuerza y la violencia para la ejecución del delito.

- El aumento de denuncias, así como el incremento de otras modalidades más simples y menos comunes, como el alquiler de viviendas y casas de citas.

- Además, fue apreciable una incorporación muy significativa de jóvenes proxenetas al estudio y al trabajo socialmente útil, como expresión de cambios de estilos de vida.

- Un desplazamiento hacia otras comunidades de aquellos sujetos que permanecieron en dichas actividades, ello como expresión de la presión comunitaria en su lucha contra el delito.

- Carácter intermitente y ya no permanente de la actividad proxeneta, en el caso de aquellos sujetos muestreados que continuaron con dicha actividad, como expresión de una disminución considerable en la frecuencia delictiva en esta forma de delincuencia.
- Reconocimiento de la gravedad social del delito por parte de los comisores y su percepción consciente de nuevos estilos de vida.

- Aun en algunos de aquellos sujetos que continúan ejerciciendo la actividad proxeneta, fueron perceptibles ligeros cambios en el *modus operandis* delictivo que podemos interpretar como una leve disminución de su intensidad.

6. Los resultados esperados desde el inicio de la investigación fueron alcanzados:

- Se lograron las bases científicas para iniciar la implementación del libro "Propuesta metodológica para el estudio criminológico de la cifra negra delictiva y su prevención"

- Una metodología educativa para la actividad preventiva comunitaria específicamente en el Barrio de Monte y Cienfuegos.

- Enriquecimiento del acervo bibliográfico de la Facultad de Derecho y con ello la profundización del estudio de la asignaturas de Criminología y Metodología de la Investigación Jurídica, al ser empleada esta investigación como material de estudio por medio de ejercicios, casos prácticos, etc.

- Motivación para el estudio y la investigación más profunda sobre el tema o temas afines por estudiantes e investigadores del sector jurídico, siendo el presente tema objeto de estudio científico más profundos.

- Enlace de nuestras perspectivas teóricas de desarrollo y demostración durante la presente investigación, por medio de su constatación empírica expresándose las mismas en los siguientes postulados:

7. Respecto a nuestras perspectivas teóricas quedó demostrado que:

- Las investigaciones fundamentadas en el estudio de la delincuencia negra pueden ser productivas en el enfrentamiento delictivo y el estudio metodológico del comportamiento y dirección de esta forma delincuencial objeto de nuestra investigación.

- La correcta y planificada prevención comunitaria es una metodología eficiente para combatir las distintas manifestaciones de delincuencia negra.

- La relación entre prevención e intensidad de cifra negra delictiva es inversamente proporcional.

- El tratamiento legislativo del delito de proxenetismo, dada las características económicas, políticas y sociales de nuestro país requiere estudios de una marcada base sociológicas y criminológicas para su eficiente interpretación, integración y aplicación de la normativa establecida al efecto.

Recomendaciones

1. Sistematizar la realización de estudios de preparación de los encargados de dirigir el trabajo de prevención en la comunidad de Monte y Cienfuegos.

2. Analizar por las autoridades correspondientes (Asamblea Provincial del Poder Popular y Comisión Provincial de Prevención) la conveniencia de organizar un equipo interdisciplinario, profesionalmente capacitado para la promoción y dirección del trabajo de prevención y enfrentamiento a la cifra negra delictiva en Monte y Cienfuegos.

3. Realizar Talleres (en base a la metodología elaborada y utilizada en Monte y Cienfuegos) con Grupos de prevención de otros territorios, convencidos de sus posibilidades en función de un cambio favorable en la proyección del trabajo y que tengan

características y necesidades análogas a la comunidad expresada.

4. Siguiendo las recomendaciones realizadas por la Doctora Caridad Sonora Cabalero en estudios anteriores[51], sugerimos a las Comisiones de Prevención, los Grupos de Prevención y los centros de investigación e instituciones docentes, establecer vínculos estrechos y sistemáticos para la realización de estudios útiles a ambas partes desde el punto de vista práctico, científico y docente sobre los temas siguientes:

a) Planeación estratégica de la prevención del delito en el ámbito comunitario.
b) Sentimiento de identidad y pertenencia a la comunidad de los Grupos de

---

[51] SÓÑORA, M. *"Pronóstico de la prevención de la deserción escolar en Jesús María"*. Trabajo presentado en el diplomado Pronóstico de la Maestría en Desarrollo y Planeación de la Prevención, del Instituto Superior del Ministerio del Interior Elíseo Reyes "Capitán San Luis ", Cuba. 1998. P. 10-14.

Prevención y atención social a nivel de Consejo Popular.

c) Estrategias de prevención temprana de la criminalidad en la instancia comunitaria
d) Condiciones técnicas, psico-sociales e institucionales de la participación comunitaria en la prevención del delito.
e) Autoimagen comunitaria de la marginalidad.

5. Se estudie la vía más factible de conocer y controlar todos aquellos datos estadísticos de la comunidad, sobre la base de las variables utilizadas en nuestra investigación y reflejadas en nuestros anexos de manera tal que permita percibir y prevenir la cifra negra delictiva.

Bibliografía

1. AGUIRRE, E. *"Planificación y Pronóstico"*, diplomado impartido en la Maestría Planeación y Desarrollo de la Prevención en el Instituto Superior del Ministerio del Interior Elíseo Reyes "Capitán San Luis ", Ciudad Habana, Cuba. 1998.
2. ALONSO, A. *"El concepto de sociedad civil en el debate contemporáneo: Los contextos"* en Revista *Marx ahora* (2), La Habana, 1996.
3. ALONSO, J. *"Comunidad y Prevención. Hacia un Plan Nacional de Política Criminal"*, Vol.II. Ministerio de Justicia de la Nación, Dirección de Política Criminal. Febrero. 1998.
4. ÁLVAREZ TABÍO, F. *"Comentarios a la Constitución Socialista"*. La Habana. Editorial de Ciencias Sociales. 1981.
5. ALVERO FRANCÉS, F. *"Cervantes. Diccionario Manual de la Lengua*

Española". Tomo II. Instituto Cubano del Libro. Editorial Pueblo y Educación. La Habana. Septiembre. 1976.

6. ANA A., ROBERTO L., Cuba. Primer Encuentro Internacional de Ciencias penales. *"Control social informal y prevención del delito"*. La Habana. 1992 (ponencia).

7. Asamblea Nacional del Poder Popular: *Constitución de la República de Cuba*. Ciudad de La Habana. MINJUS. 1976.

8. Asamblea Provincial del Poder Popular: *Material de consulta para los delegados y las Asambleas Municipales y Provinciales del Poder Popular*. Ciudad de La Habana, Asamblea Provincial del Poder Popular. 1997.

9. Asamblea Provincial del Poder Popular: *Plan General de Ordenamiento Territorial y Urbanismo*. Ciudad de La Habana. Consejo de la Administración Provincial. 2000.

10. Asociación Civil Ciudades Más Seguras de Argentina: *Estrategias contra la inseguridad urbana*. En: Boletín Especial No.12 sobre Temas Policíacos. Centro de Referencia Policial. DPEC. Servicio Informativo de páginas WEB. MININT de Cuba. 2003. http://34.193.1.20/index.jsp.

Tomado de:
http:/www.ciudadesmasseguras.com.ar/ing
la.htm.

11. BAENA, G. *"Instrumentos de Investigación"*, Ed. Mexicanos Unidos S.A., 12ma. reimp., México. 1993.

12. BAILÓN GUEVARA, M. *"Prevención del delito en menores a través del trabajo comunitario"*, ponencia presentada al Congreso de Ciencias Penales. 1998.

13. BAJARRE VEA, H. y col. *"Prevalecía de discapacidad física de ancianos del Municipio Playa"* (parte I) Revista Cubana de Salud Pública (La Habana) (1). 1999.

14. BATISTA GONZÁLEZ, M. C. *"Propuesta didáctica para el desarrollo de la habilidad de audición en estudiantes de Ciencias Técnicas"*. Tesis en Opción al Título de Máster en Ciencias de la Educación Superior. CEPES. Universidad de La Habana. 2000.

15. *BODES TORRES, J. "El enfrentamiento del delito en el período especial"*. *Ponencia* presentada en III Conferencia Científica del ISMI. La Habana. 1993.

16. BUSTOS SUSPERREGUY, M., PÉREZ FONTE, A. G. *"La Comunidad Sustentable. Participación, Educación y*

Gestión Ambiental Comunal". Ed. Grupo de Desarrollo Integral de la Capital. 1999.

17. CAMPOALEGRE   SEPTIEM,   R. *"Sociología de la Prevención".* Manual de Estudio, La Habana; ISMI, 1991.

18. CAMPOALEGRE   SEPTIEM,   R. *"Sociología de la Prevención, Realidades y desafíos ante un nuevo milenio".* La Habana, 1997. Manual de Estudio, La Habana; ISMI Segunda Edición. 1991.

19. CAMPOALEGRE SEPTIEM, R. Tesis de Doctora *"La delincuencia juvenil en Cuba. Retos y Perspectivas en el nuevo milenio".* ISMI Eliseo Diego "Capitan San Luis".

20. CANALES, M. y ANSELMO P. Grupos de discusión. *"Métodos y técnicas cualitativas de investigación en Ciencias Sociales",* Madrid. 1994.

21. Capítulo Criminológico. Instituto de criminología "Dra Lolita Aniyar de Castro" Publicación auspiciada por el Consejo de desarrollo científico y humanístico (CONDES) de la Universidad de Zulia. 1994.

22. Carta del Ministro del Interior a los Miembros de la Policía Nacional Revolucionaria en el 39 Aniversario del Órgano. Ciudad de La Habana, 5 de enero de 1998.

23. CASAS GUERRA, E. Trabajo de Curso *"Incidencia del Control y conocimiento de la delincuencia en la efectividad de los hostigamientos"*. Ciudad de La Habana, 1997.

24. CASTRO RUZ, F. *"Documentos y pronunciamientos sobre el MININT"*. Editora de la Dirección Política MININT. La Habana, 1990.

25. CASTRO RUZ, F. *"Informe Central y Discurso de Clausura al V Congreso del Partido Comunista de Cuba"*. Editora Política; La Habana 1997.

26. COLECTIVO DE AUTORES. *"Capacitación en planificación, seguimiento y evaluación para la administración de la investigación agropecuaria. Gestión Estratégica del Cambio Institucional"* I(GECI) Fascículo 5, Ecuador. 1997.

27. COLECTIVO DE AUTORES. *"Libro de Trabajo del Sociólogo"*. La Habana, Editorial Ciencias Sociales, Cuba. 1988.

28. COLECTIVO DE AUTORES. *"Posibles impactos del Período Especial en la familia cubana. Centro de estudios psicológicos y sociológicos"*, CTTMA, 1992.

29. COLECTIVO DE AUTORES. Trabajo de Curso " *Atención y control a los focos delictivos en el municipio Marianao*", 1996.

30. COLECTIVO DE AUTORES. Trabajo de Curso " *El Potencial Delictivo como fuente de obtención de información y vía de influencia sobre la delincuencia*". Ciudad de La Habana. 1997.

31. COLECTIVO DE AUTORES. "*Selección de Lecturas de Psicología de las comunidades*". Universidad de la Habana. 1994.

32. Cuba, "*Informe de rendición de cuentas de la Comisión Provincial de Camagüey de prevención y atención social ante el secretariado de la Comisión Nacional*".

33. CUELLO CALÓN, E. "*Derecho Penal*", *Tomo I, parte general*, Casa Editorial BOSCH, España, 1951.

34. CUELLO CALÓN, E. "*Derecho Penal*", *Tomo II, parte especial*, séptima edición, Casa editorial BOSCH, España, 1949.

35. D' ESTÉFANO, M.A. "*Documentos del Derecho Internacional Público*", Tomo I, Editorial Pueblo y Educación, Cuba. 1975.

36. DE LA GÁNDARA VALLEJO, B. "*Consentimiento, bien jurídico e imputación objetiva*", Editorial COLEX, España. 1995.

37. DE LA PAZ TRUJILLO, I. *"El dedo en la llaga"*, Revista Bohemia, número 14, año 88, 5 de julio de 1996, Cuba.

38. DELEITO Y PIÑUELA, J. *"El desenfreno erótico"*, Editorial Alianza, España. 1995.

39. DERMEVAL, Correa de A. *"Psicología comunitaria de Liberación. Fundamentos"*. Centro Brasileño de Investigaciones en salud mental, 1996.

40. DGPNR. Informe resultados finales más relevantes de la investigación socio-operativa sobre *"La efectividad del sistema PNR en el enfrentamiento a los focos delictivos de residencia en la capital"*. Sección de Investigaciones Socio-Operativas 1995.

41. DGPNR. *"Informe analítico de la problemática de los focos delictivos de la capital y de la labor de enfrentamiento"*. Departamento Análisis de Ciudad de la Habana. 1997.

42. DGPNR. *"Manual de Normas y Procedimientos Operativos para el trabajo de la Policía Técnica Investigativa"*. PNR. La Habana, 1992.

43. DGPNR. Resultados finales de la investigación socio-operativa sobre *"La efectividad del control que ejerce la PNR en la comunidad sobre las personas*

proclives a delinquir, sancionados y beneficiados". Sección de Investigaciones Socio-Operativas. La Habana, 1994.

44. DÍAZ, C. *"El diagnóstico para la participación"*. Colección Construyendo Gestión y Poder Local, Costa Rica, 1995.
45. *"Diccionario Enciclopédico U.T.E.H.A."*, Tomo 3, México, 1953.
46. DILLA ALFONSO, H. *"Pensándola alternativa desde la participación"*. Revista Temas (8). La Habana, 1996.
47. DURRUTTY MANCEBO, V. *"Manual para el control y conocimiento de la delincuencia"*. Ediciones ENSPES. Ciudad de la Habana, 1983.
48. ELIZALDE, R.M., TAMAYO LEÓN, R. *"La prostitución no cabalga sola"*, Revista Juventud Rebelde, número 379, 7 de diciembre de 1997, Cuba.
49. FLORIÁN, E. *"De los hechos punibles y de las penas en general"*, traducido de la segunda edición italiana por Félix Martínez Giralt y ErnestoDihigo, Cuba, 1919.
50. FOIX, P. *"Problemas Sociales del Derecho Penal"*, Editora Sociedad Mexicana de Eugenesia, México, 1942.
51. FREIRÉ, P., Carlos, R. *"Palabras desde Brasil"*. Ciudad Habana, Editorial Caminos, 1996.

52. FUENTES SORÍN, M. *"Papel del psicólogo en el ámbito comunitario. Fundamentos teóricos y análisis"*. Editorial Ciencias Sociales. LA Habana, 1989.

53. GÓMEZ, E. *"Tratado de Derecho Penal"*, Tomo III, Compañía Argentina de Editores, Argentina, 1940.

54. GONZÁLEZ ALCANTUR, D. *"Manual de Derecho Penal General"*, Tomo II. Buenos Aires , Argentina.1986.

55. GRILLO LONGORIA, J.A. "Los delitos en especie", Tomo II, Editorial de Ciencias Sociales, Cuba, 1982.

56. GROIZARD Y GÓMEZ DE LA SERNA, D. A. *"El Código Penal de 1870"*, Tomo V, segunda edición, España, 1913.

57. GUERRA HERNÁNDEZ, G.C., TOLEDO DE LA GOÑI, M.I., MORENO TORRES, L. *"El delito de proxenetismo. Tratamiento en la legislación penal cubana. Breve análisis de su comportamiento en el Polo turístico de Santa Lucía"*, Camagüey, Cuba, 2000. Trabajo presentado en la V Jornada Científica Anual de la Fiscalía Provincial de Camagüey.

58. GUTIÉRREZ, P.J. *"¿Cuántas caras tiene Eva?"*, Revista Bohemia, número 26, año 89, Cuba, 1997.

59. GUTIÉRREZ, P.J. *"Los dólares de la lujuria"*, Revista Habanera, número 3, año 2, Cuba, 1996.

60. Instituto de Investigaciones Jurídicas: *"Diccionario Jurídico Mexicano"*, Editorial Porrúa S. A. Universidad Nacional Autónoma de México, 1991.

61. JARA, O. *"Centro América Fundamentos de la Metodología Participativa y de la Investigación Participación"*, Guatemala. 1988.

62. La Habana, 1980. MININT. Orden 17793 del Viceministro Primero del Interior que pone en vigor *"Las medidas para precisar el enfrentamiento a las actividades delictivas y antisociales en las condiciones actuales de nuestro país"*. La Habana, 1993.

63. LAVEDAN, E. *"Programa de Derecho Penal"*, Editorial Bouza y Cía., Cuba, 1926.

64. LEÓN GÓMEZ, Y.E. *"El proxenetismo. Su formulación legal"*, Santiago de Cuba, Cuba, 2002. Trabajo presentado en la Conferencia Jurídica Provincial de Bufetes Colectivos en Santiago de Cuba.

65. LEÓN, M. *"La economía doméstica en los Consejos Populares y la indisciplina social"*, Informe de investigación, Fiscalía General de la República, 1994.

66. MACHADO, D. *"Democracia, política e ideología. Una opinión después del V Congreso del Partido"* en Revista Cuba Socialista (9). 1998.

67. MAGGIORE, G. *"Derecho Penal"*, *parte especial,* volumen IV, Editorial Temis, Colombia, 1955.

68. MARTÍN ROMERO, X.L., ARMANDO, C. *"Reajuste, empleo y subjetividad".* Revista Temas (II), 1998.

69. MARTÍNEZ, J.A. *"Código de Defensa Social"*, Editorial Jesús Montero, Cuba, 1939.

70. MÉNDEZ, J. *"Técnicas de Dirección,* diplomado impartido en la Maestría Planeación y Desarrollo de la Prevención" en Instituto Superior del Ministerio del Interior Elíseo Reyes "Capitán San Luis ", Ciudad Habana, 1998.

71. MININT Orden 72/80 del Ministro del Interior que pone en vigor *"Indicaciones Provisionales sobre el trabajo a desarrollar por los Jefes de Sectores de la PNR".*

72. MININT. Orden 118/87 del Ministro del Interior que pone en vigor el *"Reglamento para el control de las Personas de Interés Operativo de la Contra Inteligencia y del Potencial Enemigo".* Ciudad de La Habana, 1987.

73. MININT. Orden 3/97 del Viceministro Primero del Interior que pone en vigor la *"metodología de trabajo para el control y atención policíaca de los sujetos a sanciones subsidiarias de la privación de libertad, medidas no detentivas y beneficios aplicables por la ley"*. La Habana, 1997.

74. MININT. Orden 73/87 del Ministro del Interior que pone en vigor el *"Reglamento para el control del potencial delictivo"*. Ciudad de La Habana, 1987.

75. MIR PUIG, S. *"Derecho Penal", parte general*, quinta edición, España, 1998.

76. MUÑOZ CONDE, F. y GARCÍA ARÁN, M. *Derecho Penal, parte general*, segunda edición, Editorial Tirant lo Blanch, España, 1996.

77. VILARIÑO DELGADO, J. *"Experiencias de trabajo educativo con jóvenes desvinculados del estudio y del trabajo"*, ponencia presentada al Congreso de Ciencias Penales, 1998.

78. Naciones Unidas. Octavo Congreso para la prevención del delito y tratamiento al delincuente. Directrices de Riad La Habana, 1990.

79. NAVARRETE CALDERÓN, C. *"La prevención temprana de las conductas*

delictivas de violencia: Su carácter transdisciplinario Pedagógico–Criminológico". Ponencia presentada a Pedagogía 99, 1998.

80. ONU. Documentos del VII Congreso de Prevención del Delito y Tratamiento al Delincuente. 1990.

81. Partido Comunista de Cuba. Convocatoria al V Congreso del Partido Comunista de Cuba, Granma. 17 de abril 1997.

82. PÉREZ REYES, D.C. *"El delito de proxenetismo y su formulación actual en la legislación penal cubana"*, Fiscalía Municipal de Varadero, Cuba, 2002.

83. QUIRÓZ PÍREZ, R. *"Despenalización"*, Revista Jurídica, número 10, año IV, enero – marzo, Ediciones Cubanas, Cuba, 1986.

84. QUIRÓZ PÍREZ, R. *"Derecho Penal. Parte General II"*. Universidad de la Habana. Editorial Félix Varela. La Habana , Cuba, 2005.

85. RAMOS SMITH, G. *"Derecho Penal"*, Tomo II, parte general, Ediciones ENSPES, Cuba, 1983.

86. SÁNCHEZ VIDAL, A. *"Psicología Comunitaria"*. Ponencias de Derecho Penal. Organización Nacional de Bufetes Colectivos, 1989. En PPU, S.A., Barcelona, España,

87. SOLER, S. *"Derecho Penal Argentino",* Tomo II, Editorial La Ley, Argentina, 1945.

88. SOLER, S. *"Derecho Penal Argentino",* Tomo III, Editorial La Ley, Argentina, 1945.

89. SOÑORA CABALEIRO, M. *"Prevención en la comunidad.* Reseña bibliográfica". Fiscalía General de la República, 1997.

90._____. *"Pronóstico de la prevención de la deserción escolar en Jesús María".* Trabajo presentado en el diplomado Pronóstico de la Maestría en Desarrollo y Planeación de la Prevención, del Instituto Superior del Ministerio del Interior Elíseo Reyes "Capitán San Luis ", 1998.

91._____. *"Tratamiento postinstitucional: Prevención y reincidencia".* Informe de Investigación, Ministerio del Interior, 1994.

92._____. *"Prevención social y conductas desviadas. Modelos preventivos y pronósticos criminológicos".* Conferencia impartida en Curso de Criminología Fiscalía General de la República, 1998.

93._____. *"Caracterización familiar y estrategia de intervención Familiar".* Trabajo presentado en al diplomado Familia de la Maestría en Desarrollo y Planeación de la Prevención del Instituto Superior del Ministerio del Interior Elíseo Reyes "Capitán San Luis ", 1998.

94. SÓÑORA, M y otros. *"Algunas reflexiones acerca de la atención y tratamiento postinstitucional en el sistema de prevención social"*. Revista Jurídica (26): 1990.

95. TABÍO, E. *"Comentarios al Código de Defensa Social"*, Tomo IX, Editorial Jesús Montero, Cuba, 1951.

96. TEJERA Y GARCÍA, D.V. *"Comentarios al Código de Defensa Social"*, Tomo I, Editorial Jesús Montero, Cuba, 1944.

97. _____. *"Delitos relacionados con la prostitución"*, Revista Policía Secreta Nacional, número 4, volumen X, año V, agosto, Cuba,1942.

98. TORRES, K. *"¿Marginalidad en Cuba? Algunas aproximaciones disciplinarias"*. Centro de Estudios sobre la juventud, 1997.

99. TOVAR PINEDA, M.A. *"Selección de Lecturas de Psicología Comunitaria"*. La Habana, Segunda Edición, 1994.

100. VALDÉS CARRERA, L.S. y FERNÁNDEZ GONZÁLEZ, J.F. *"Los delitos y el sexo"*, Revista Legalidad Socialista, número 4, año 87, Editora Fiscalía General de la República de Cuba, Cuba, 1987.

101. VALDIVIA ÁLVAREZ, I. *"El delito de proxenetismo y trata de personas en la legislación penal de Cuba"*, Ciego de Ávila, Cuba, 2000. Trabajo presentado en el Congreso Internacional de Ciencias Penales, 2000.

102. VEGA VEGA, J. *"Comentarios a la parte general del Código Penal Cubano"*, Revista cubana de Derecho, número 17, año X, enero – diciembre,Cuba, 1981.

103. VEGA VEGA, J. *"La protección jurídico – penal en el Socialismo"*, Editorial de Ciencias Sociales, Cuba, 1983.

104. VIERA, M. *"Criminología. Fundamentos teóricos y análisis"*. La Habana, Editorial Pueblo y Educación, 1987.

105. ZAMORA JIMÉNEZ, A. *"Cuerpo del delito y tipo penal"*, Editor ANGEL, México, 2002.

Legislación Utilizada.

1. *Ley 111 del 27 de febrero de 1959.*
2. *Decreto Ley 95 de 1986*, La Habana, Ministerio de Justicia .
3. Constitución de la República de Cuba, Editora Política, Cuba, 1992.

4. Ley # 62, Código Penal, Editorial Félix Varela, Cuba, 1998.

5. Ley # 62, Código Penal, Editorial de Ciencias Sociales, Cuba, 1989.

6. Ley # 21, Código Penal, de 15 de febrero de 1979, Compendio de Legislación Penal para los Tribunales Militares, Dirección de los Tribunales

7. Militares, Cuba, 1981. P. 1 – 156.

8. Ley # 87, de 16 de febrero de 1999, Modificativa del Código Penal, Gaceta Oficial de la República de Cuba, edición extraordinaria, # 1, de 15 marzo de 1999. P. 1 – 11.

9. Ley # 1249, Gaceta Oficial de la República de Cuba, edición ordinaria, # 13, de 23 de junio de 1973. P. 48, 49.

10. Ley # 993, de 19 de diciembre de 1961, Gaceta Oficial de la República de Cuba, 20 de diciembre de 1961, Folletos de Divulgación Legislativa, Leyes

11. del Gobierno revolucionario de Cuba, 1961. P. 25 – 27.

12. Decreto – Ley # 175 de 17 de junio de 1997, Modificativo del Código Penal, Gaceta Oficial de la República de Cuba, edición extraordinaria, # 6, de 26 de junio de 1997. P. 37 – 46.

13. Código de Defensa Social. Martínez, José Agustín. Código de Defensa Social, Editorial Jesús Montero, Cuba, 1939.
14. Código Penal Español de 1870. Groizard y Gómez de la Serna, D. Alejandro. El Código Penal de 1870, Tomo V, segunda edición, España, 1913.
15. Documentos Internacionales.
16. Declaración Universal de los Derechos Humanos, Resolución 217 – A (III), de 10 de diciembre de 1948, de la Asamblea General de las Naciones Unidas. P. 163 – 168.

Sitios Web consultados
1. http://www.un.org/spanish/CMCR/issues.htm La dimensión racial de la trata de personas.
2. http://www.december18.net/e-traffickingconventions.htm Trata de personas.
3. http://www.unhchr.ch/spanish/html/menu3/b/33-sp.htm Convenio para la represión de la trata de personas.
4. http://www.cimacnoticias.com/noticias/02nov/02112103.html Mujeres especialmente vulnerables.
5. http://www.unifr.ch/derechopenal/legislacion/es/cpesp9.html Código Penal Español.

6. http://www.cddhcu.gob.mx/leyinfo/pdf/9
.pdf Código Penal Federal de México.
7. http://www.justiciacriminal.cl/cp/pen_co
starica.pdf Código Penal de Costa
Rica.
8. hhtp://www.encarta.com Biblioteca de
Consulta Microsoft Encarta 2002.

Legislaciones Extranjeras.

1. Código Penal Español, Ley Orgánica 10/
1995, de 23 de noviembre, modificada por
laLeyOrgánica11/1999.SitioWebhttp://www
.unifr.ch/derechopenal/legislacion/es/cpes
p9.html
2. Código Penal Costarricense, Ley # 4573,
modificada por la Ley # 7899, de 3 de
agosto de 1999, La Gaceta, # 159, de 17
de agosto de 1999, Zúñiga
3. Morales, Ulises. Colección de Códigos de
Costa Rica, Código Penal, Investigaciones
Jurídicas S.A., s.f, s.l.
4. Código Penal Federal de los Estados
Unidos mexicanos, según última reforma
aplicada de 18 de diciembre de 2002.
http://www.cddhcu.gob.mx/leyinfo/pdf/9.pdf